桑原弘樹

私は15キロ痩せるのも太るのも簡単だ!
クワバラ式体重管理メソッド

講談社+α新書
プラスアルファ

まえがき——肉体はライフスタイルの鏡

好きか嫌いかは別にして、肉体はその人のライフスタイルの鏡です。遺伝的な要素もゼロではありませんが、基本的に太っている人は太るようなライフスタイルをしており、筋骨隆々《りゅうりゅう》な人はそれに見合ったライフスタイルを持っているのです。

ですから肉体を変えるということは、ライフスタイルを変えることでもあります。

もちろん大変身しようと思えば、大きくライフスタイルを変える必要があります。私もそうして、人生のなかで数回、体重を五八キロと八八キロのあいだで増減させたことがあります。が、問題は、こうしたライフスタイルの変更は、大きなストレスになるという点です。

引っ越しをイメージしてみてください。どんなに広くて、いままでよりも快適な場所に移るとしても、その前後は心が落ち着かず、そわそわしてしまいます。これもライフスタイルの変更によるものです。

そこでアスリートのノウハウが生きてくるのです。

アスリートたちは、そのパフォーマンスを最大限に発揮するために、涙ぐましいほどの努力と工夫《くふう》を重ねています。しかしそれは、ただ単に膨大なエネルギーを消費しているだけではありません。限られた時間内に効率よく肉体を変えていくコツ（ノウハウ）を知っているのです。

残念ながら、これまでそのノウハウは一般に公開されなかったため、情報は限られた業界や選手に留《とど》まっていました。

同じエネルギーを注ぐのであれば、より大きなリターンを求めたくなります。様々な競技のアスリートたちが使っている肉体づくりのノウハウを上手に活用することで、最小限の努力で最大の成果を手に入れることができるのです。

私はサプリメントの開発を通じて、一〇〇人以上のトップアスリートたちのコンディショニングに接してきました。大リーグの選手もいればボクシングの世界王者もいますし、ミスワールド日本代表や宝塚歌劇団の女優さんたちもいます。また、競技人口が数千人程度のマイナー競技のアスリートもいます。

本書では、一般の方たちが日常生活に取り入れられるよう、様々な競技のアスリートたちの、様々な肉体改造のノウハウを、誰でもすぐに真似できるように紹介していきます。

すべてを真似る必要はありません。自分には難しそうだと感じたら無視してください。自分でもできそうだ、面白そうだといったコツがあれば、それだけを気軽に取り入れる、それだけで十分です。

ところで私たちは、生まれた瞬間から死に向かっています。どんなに裕福な人も、そうでない人も、この点だけは平等です。つまり、すべての人の死亡率は一〇〇％ということ。すべての人のＤＮＡに、死に向かうためのプログラムが組み込まれているのです。

そのプログラムは複雑で、あらゆる部位にそれぞれのピーク年齢を設け、そこまでは成長期、その後を成熟期とし、やがて衰退期を迎えるようになっています。

たとえば髪の毛のピークは一〇歳くらいだといわれています。それまではシャンプーで髪を洗ってもキューティクルは整っていますが、一〇代半ばあたりからはリンスやトリートメントが必要になるわけです。

また、「お肌の曲がり角」という通り、ＳＯＤ（スーパーオキシドディスムターゼ）なる酵素が減り始めることで肌の潤いが徐々になくなりはじめるのは、二〇歳を過ぎる頃からです。

動いているモノを見る能力を動体視力といいますが、この動体視力は三〇代半ばから急に落ちていきます。プロ野球の野手の平均的な引退年齢が三〇代半ばというのは、一つにはこの動体視力の限界が挙げられます。

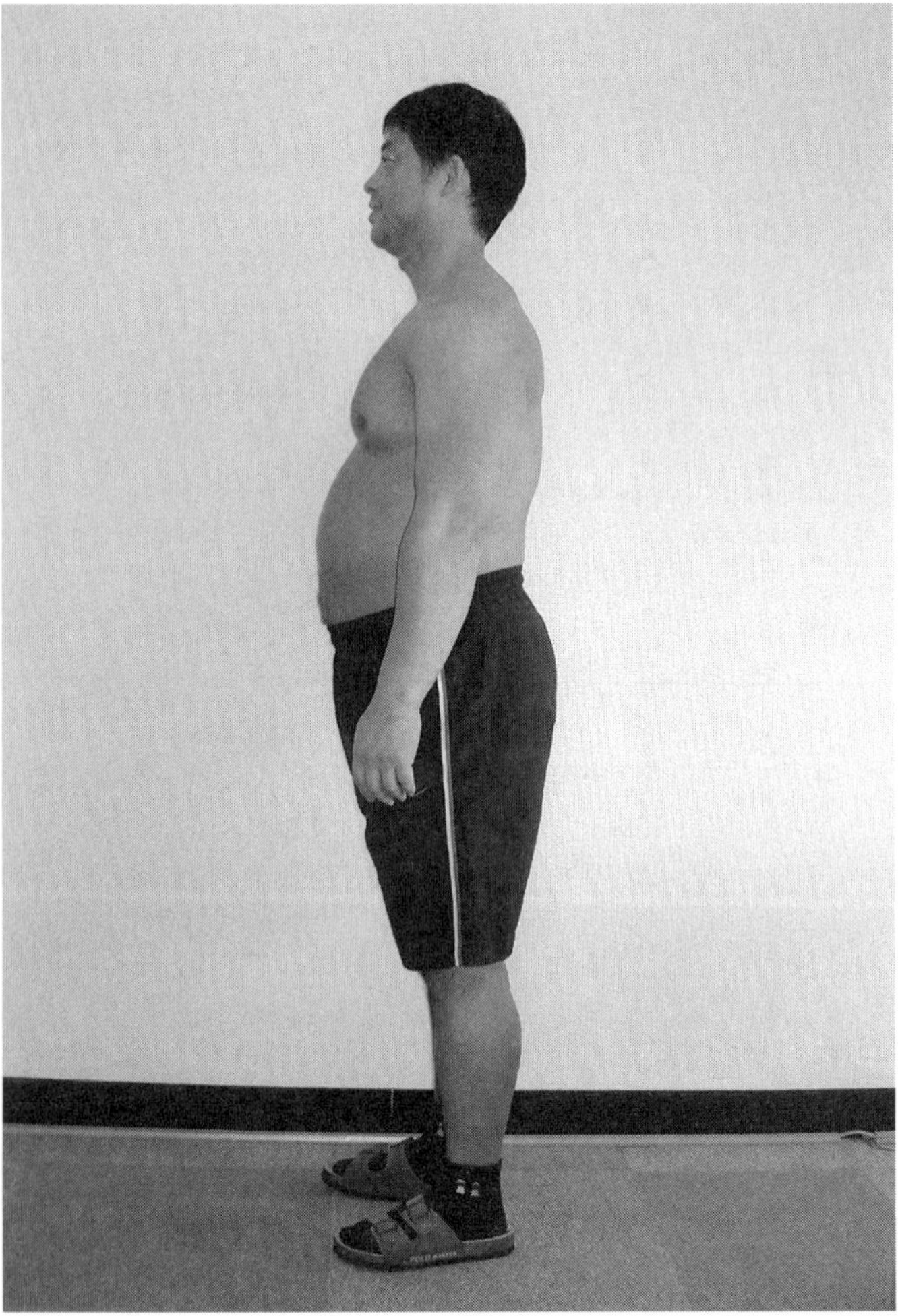

47歳のときに意図的に体重管理をやめ、88キロになった著者。

同じく47歳のときにエクササイズを行い、食事や生活習慣を改善して、63キロになった著者。

三〇代からは、成長ホルモンや脂肪の運搬役であるカルニチンの合成能力も同様に落ちます。

こうやって考えてみると、**全般的に、三〇代半ば頃から体力に衰えが見えはじめ、回復力も弱まっていきます。ところが筋肉だけは、なぜかピーク年齢をぐっと上げることができるのです。**

何もしなければ、つまり重力という負荷のみに対応していれば、筋肉も三〇代から徐々に失われていきます。しかし、**適切な負荷と、それに見合う栄養と休息を与えてやると、筋肉だけは八〇代でも成長してくれるのです。**

最近はロコモ（ロコモティブシンドローム＝運動器症候群）などの対策として、筋肉づくりも一般的になってきましたが、まさに人類に与えられた最高の贈り物といっても過言ではないでしょう。

そしてもう一つ。人類が数百万年も生存し続けることができた理由である脂肪、これはエネルギーの宝庫です。

ところが飢餓《きが》の時代であれば最上級の賛辞をもって迎え入れられたはずの脂肪も、飽食の時代ゆえに、いまは悪者扱いされています。しかし脂肪は、お金にたとえるなら定期預金と同じで、普通預金（＝グリコーゲン）と比べて口座から引き出す手間はかかるものの、手続きさえ踏めばなんら問題なく使えるものです。

定期預金を解約すれば大量のお金が手元に入り、今度はそのお金でいろいろなモノが買えますよね。脂肪も同じ。引き出すことに成功したら、それはエネルギーという使い勝手のいい財産に変わるのです。

そう、**上手な脂肪の引き出しに成功した人は、単に痩せるだけではなく、大きなエネルギーを作り出せるスタミナのある身体に変身できるのです。**

筋肉をつけて体重を増やすこと、脂肪を燃やして体重を減らすこと、そのどちらも、DNAに組み込まれた神様から人類への贈り物です。つまり人間は、自分の体重をコントロールできる生き物だということです。

さあ、体重コントロールを自由自在に行うメソッドについて、さっそく説明していきましょう。

私は15キロ痩せるのも太るのも簡単だ！　クワバラ式体重管理メソッド◉目次

第一章　朝の三分でカロリー消費は急上昇！

❖「頑張らない」が成功の秘訣

まず最初に大切なことを書きましょう――それは、いきなり頑張らないことです。

この「頑張る」という気持ちが脳に宿ると、脳は同時に見返りも期待しはじめます。**多くの人が減量（ダイエット）なり筋肉づくり（バルクアップ）なりの成功にまでたどり着けない理由は、脳が期待している見返りが、すぐには目に見える形で出てきてくれないからなのです。**

最初はヤル気満々でも、成果が表れるのが遅いと、やがて努力が義務になり、最終的には「うまくいくのだろうか」という猜疑心《さいぎしん》が生まれてきます。しかし、この脳が期待する見返りと実際の成果とのタイムラグを縮めてやることで、頑張ることが楽しくなっていきます。

では、どのようにして成果を早く出すのでしょうか？　最初にするのは、無意識の土台づくりです。

ボディメイクは投資と似ています。投資額（努力）とリターン（成果）のバランスが大切なのです。努力することは大切ですが、その成果がある程度の期間で表れてこないと、やがて苦痛となっていきます。

そこで、本人は頑張っているつもりがないのに、いつの間にか頑張っている、という「知らず知らずの土台」をつくってやるのです。

では、この「知らず知らずの土台」とは何でしょうか？　キーワードは「代謝」です。本来、根本的に代謝を上げるためには筋肉をつける必要があります。しかし筋肉は想像以上につけることが難しく、相当な努力を要します。

これでは「知らず知らずの土台」の発想に反することになり、まさに脳が欲するリターンがなかなか手に入らない状態に陥《おちい》ります。

そこで、筋肉をつける以外に代謝を上げる、具体的な方法を紹介していきましょう。

代謝の高い人も低い人も、その人なりに一日のなかで代謝は変化しています。そして、いちばん代謝が低いのは、就寝中です。寝ているときはもっとも代謝が低い「省エネモード」となり、体温も下がっています。ということは、朝の起床直後がいちばん代謝の低い時間帯ということになります。

この寝起きのときを狙って、頑張る感を出さないよう、上手に代謝を上げてやりましょう。

❖三分だけ早起きして胃袋に水を

朝一番にジョギングをしたりスクワットをしたりすれば、当然、代謝は上がっていきます。しかし、この上げ方にはかなりの努力が必要になることから、リターン（成果）がそれなりに伴わないと、前述の通り義務化し、やがて苦痛になります。そうではなく、人にいうほどではない努力によって上手に代謝を上げる必要があるのです。

そこで、まず三分だけ早起きをします。たった三分の早起きなら、人に自慢しないでしょう。

この自慢しない程度、というのが、ちょっとしたポイントです。というのも、人に自慢するということは、それなりに頑張っている、努力している、という証《あかし》ですから、成果を期待してしまうことになりかねません。

だからこそ、あえて誤差といってもいい程度の三分だけ早起きするのです。そして、空腹の胃袋に水を入れてやります。この方法はボクシングの世界チャンピオンなどが減量に入る際に取り入れる方法でもあります。

世の中には様々な体重別の競技がありますが、競技の特性によって減量期間がまちまちです。たとえばキックボクシングや柔道なども体重別の競技ですが、ボクシングに比べると、かなり短期間で体重調整をします。

ボクシングでは個人差はありますが、かなり長期間の減量を必要とします。そして、世界タイトルマッチの場合などは、三ヵ月間くらいを減量期間に充《あ》てます。さらに、このような長期間の減量になった場合、期間を分けて減量方法を変えていきます。

さて、この三分早起き法は、第一段階の減量のときに採用する方法でもあります。

❖空腹に水とグルタミンで

空腹の状態で水を飲むと、代謝が少し上がります。

一度上がった代謝は、二度寝をしない限り、そのまま昼に向かって上昇していきますから、とても効果的です。

ここでもう一つノウハウを投入します。「グルタミン」というアミノ酸を一緒に飲むのです。

スーパーなどで売っている「味の素」などの化学調味料は、主成分がグルタミン酸ソーダ（グルタミン酸ナトリウム）で、グルタミンと名前は似ていますが、別物です。

グルタミンはサプリメントとして、スポーツ店やドラッグストアなどで売っています。

このグルタミンは胃腸のエネルギー源となってくれるアミノ酸なので、朝から空腹の内臓を活性化させるために最適なアミノ酸ともいえます。

朝一番にグルタミンを水で流し込む――こんな簡単なことで効率よく代謝が上がり、しかもずっと上がり続けてくれるのです。

❖肩甲骨付近の褐色脂肪細胞の秘密

朝三分だけ早起きをしてグルタミンを飲む。ほんの数十秒の作業ですよね。まだ二分以上余っています。そこで、「知らず知らずの土台」の最後の仕上げを行います。

次なるキーワードは「肩甲骨《けんこうこつ》」です。**肩甲骨とは、両肩の背部にあって腕と胴をつなぐ逆三角形状の骨ですが、この肩甲骨をうまく刺激してやることで、容易に代謝が上がるのです。**

というのも、この付近に「褐色《かっしょく》脂肪細胞」と呼ばれるものがあるからです。

脂肪細胞と聞くと、あまり歓迎したくない印象を持つかもしれませんが、私たちが目の敵《かたき》にしている内臓脂肪や皮下脂肪は「白色脂肪細胞」と呼ばれるもので、この白色脂肪細胞を燃やし始めるスイッチのような役割をするのが褐色脂肪細胞です。

したがって褐色脂肪細胞を上手に刺激してやることは、代謝をアップするうえで効果的ということになります。

しかし一方で、肩甲骨は両肩の背部にあるということもあって、もっとも手の届きにくい場所でもあります。そこで、肩甲骨を簡単に刺激するストレッチ（24・25ページの①②）を朝からやりましょう。

また、普段、刺激の及びにくい箇所の筋肉、「休眠筋」を意識的に動かすストレッチもご紹介します（26〜28ページの③〜⑤）。これも代謝をアップするためのもので、休眠筋ストレッチと呼んでいます。

朝だけではなく、このうちどれかを、仕事の休憩時間にオフィスのトイレや会議室で、あるいは家事の合間にキッチンなどで行えば、代謝のいい、「脂肪の燃えやすい体」が完成します。

このように、ほんの少しの努力で、知らず知らずのうちに代謝という名の土台をつくることができます。すると、自分が考えている以上のリターンが返ってきて、努力が喜びに変わり、さらに努力がしたくなってくるのです。

もっとも、一日や二日では何も変わりません。しかし、この作業があたかも歯磨きのごとくライフスタイルに入ってしまえば、その積み重ねの効果は絶大です。

体重を自由自在に増減させるための第一ステップ、「知らず知らずの土台」づくり。あなたもぜひトライしてください。

① 肩甲骨の回りに意識を集中して、腕を垂直方向に前後20回振る。

② 肩甲骨の回りに意識を集中して、腕を水平方向に前後20回振る。

③　両腕をつま先の近くまで垂らし、まるでゾウの鼻のように、左後方と右後方に交互に10回ずつ振る。

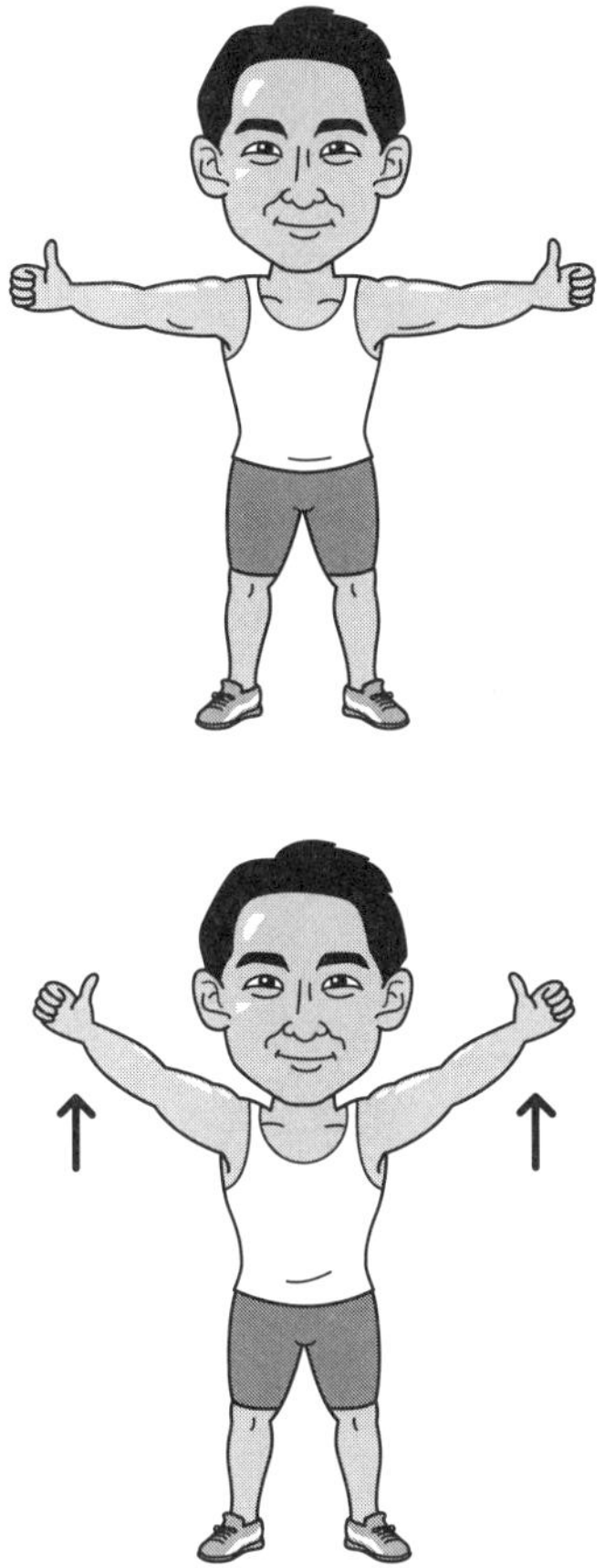

④　両腕を肩の高さで左右に開き、親指だけを上に立てて拳《こぶし》を握る。その状態から、両腕を45度ほど上に上げ、すぐに下ろす。これを20回行う。

⑤　両腕を肩の高さで左右に開き、親指だけを前に向けて拳を握る。その状態から、両腕を45度ほど前方に動かし、すぐに元に戻す。これを20回行う。

ヤル気が出てくるエクササイズ名言①

「サボるな……休め」

休むということは、場合によっては、エクササイズよりも大切な要素です。休むという行為がなければ身体は成長しませんから、負荷のあとには適切な休息を与えるというこのバランスは、かなり高度な要素となります。

しかし一方で、サボるという行為はＮＧ、時間の無駄遣いです。

「サボる」の定義を明確にしましょう——休む目的が明確でなく、ただ漫然とエクササイズを遠ざけ、計算された休息ではないもの。そんな感じでしょうか？

ここでいう休息には、身体のみならず気持ちの休息もあります。エクササイズに行き詰まり、袋小路に入ってしまったようなときには、思い切って別の環境に身を置いてみたり、レジャーや娯楽で気分転換を図るのも一つの打開方法です。

しかしこの場合は、心のリフレッシュという明確な目的があるから、サボりではないのです。

娯楽に興《きょう》じていても、朝寝坊をしても、エクササイズを休んでも、その目的さえしっかりとしていれば問題はない。逆にいうならば、目的意識を持たないエクササイズは、サボりに近いといえるかもしれません。

この章のポイント

①「頑張らない」のがボディメイク成功の秘訣。
②朝三分だけ早起きをして胃袋に水を入れる。
③水とともに「グルタミン」サプリメントを摂ると内臓が活性化。
④朝一番に脂肪を燃やす肩甲骨ストレッチと休眠筋ストレッチを行う。

第二章　食べ方と食材でこんなに痩せる！

❖朝食は質より量で

朝三分ほどの簡単なストレッチなどで、ぐっと上がった代謝ですが、もう一つとどめを刺すかのごとく代謝をマックスにする仕上げがあります。

それは、ずばり朝食です。

食事による代謝アップを専門用語でＤＩＴ（食事誘発性熱産生）といいます。食事とはカロリーを摂る行為ですが、一方で食事によって代謝が上がりカロリーを消費するという側面を持ちます。ご飯を食べると体が温かくなる感じ、あれがＤＩＴです。

食事内容によって異なりますし、個人差はありますが、一日の代謝の約一割はＤＩＴだといわれています。さらにそのＤＩＴの大半は朝食なのです。まだ代謝の低い朝にカロリーを摂ることで、効率的に代謝が上がる、というわけです。

しかし、朝の時間帯は準備の時間もなく、一般的には食も細く、あまりたくさん食べることができない時間帯でもあります。そこで朝食に関しては、あえて食事の内容（質）にこだわらず、質より量の食事を目指します。具体的には、朝でも食べられる食材、朝でも食べやすい食材を選ぶのです。

たとえば、フルーツ、シリアル、ヨーグルト、野菜ジュースなどなど。決して理想的とはいえないまでも、ボリュームを追求した食事を摂るのです。そして、その最後にプロテインを飲むことをお勧めします。

プロテインは究極の高タンパク低脂質の食品でもあります。また多くのプロテインパウダーには、ビタミンやミネラルの微量栄養素も配合されています。一見、質を無視したように感じられるボリューム優先の朝食も、その後にプロテインを飲むことで、質を伴うことになるのです。

そして何よりも、ＤＩＴを導くもう一つの主役がタンパク質なのです。

このタンパク質は、一般的には、肉、魚、豆類などが主な供給源となります。ただ、日持ちがしない点、調理に時間を費やす点などがハードルとなります。結果として、朝食にタンパク質を摂る場合には、牛乳や卵が中心になることが多いようです。

ここにプロテインの利用価値が生まれます。

プロテインは、アスリートのもの、筋肉をつける人のもの、といったイメージかもしれませんが、プロテイン以上の高タンパク低脂質の食品はありません。ぜひ、プロテインを朝のライフスタイルに取り入れてみてください。

減量に入る選手の朝食は、驚くほどボリュームがあります。むしろ普段よりもたくさん食べているかもしれません。脂質は抑えながらもボリュームとタンパク質は追求する——そんな朝食を目指しています。

一例を挙げれば、ベーグル、イングリッシュマフィン、フランスパンなど脂質の低いパン類、シリアルやオートミール、バナナ（これは必須、特にお勧め！）、旬《しゅん》の果物（リンゴ、イチゴ、ブドウ等）、無脂肪ヨーグルト、野菜ジュースなどでカロリーを追求していきます。

ここにノンオイルのツナ缶や鶏のささ身などを加えて、仕上げにプロテインといった感じ。もちろんパンの代わりにお米の場合もあります。

こうしたメニューは、この章の最後に紹介することにします。

朝一番でグルタミン摂取、そして肩甲骨ストレッチや休眠筋ストレッチに続けて朝食を充実させることが、代謝を一気に上げる総仕上げとなるといってもいいでしょう。

❖逆ピラミッド食事法とは何か

ボリュームのある朝食を食べる——これが第一のハードルでしたが、それ以外の食事の仕方についても触れておきたいと思います。名付けて「逆ピラミッド食事法」です。このメソッドで、これまで何人ものアスリートたちが減量に成功してきました。

考え方は至って簡単。普通は「朝↓昼↓晩」と増えていく食事のパターンを逆にするのです。つまり、**朝たくさん食べて、昼はいままで通り、そして夜は控えるのです。**

そもそも朝の時間帯は、時間の余裕もなければ食も細い……さてどうやってたくさん食べるかが問題になります。ここは前述の質より量、「朝食＋プロテイン」で乗り切りましょう。

そして、昼食に関しては極端には変える必要はありません。ただこれは、変えてはいけないというのではなく、変える労力が大き過ぎるので、あえてそのままにしておく、という意味です。

もちろん、お弁当を持参したりして努力するのも無駄ではありません。しかし、ただでさえ忙しい朝にお弁当をつくるのは労力のハードルが上がりますし、外食の場合も、昼休みの一時間という限られた時間内で内容にこだわることは、現実的ではないでしょう。

昼食は、定食屋でも喫茶店でもいいので、できる範囲で、少しだけ脂質を控える食事を選びましょう。たとえば、天丼とマグロ丼であればマグロ丼を選ぶ、天ぷら定食の衣《ころも》を少しだけはずす、などです。

私がコンビニで昼食を買うときには、オニギリ二個、サラダ、野菜ジュース、そしてプロテインなどといった内容にすることが多いです。

さて、難関は夕食です。朝食と違い、夕食時には時間的な余裕があるうえ、「楽しむ」という要素が加わってきます。極端にストイックな食事内容にしてしまうと、この「楽しむ」という要素を阻害することになり、結果としてストレスになりかねません。

そこで夕食に関しては、量より質を意識した腹八分目を目指すようにしていきます。また、就寝から逆算して二時間前にはカロリー摂取を止《や》めるようにします。

もちろん早寝することは素晴らしいことなのですが、仮に夜遅くなることが想定される場合（宴会などの飲み会の場合）でも、就寝時間を想定して、そこから逆算して二時間前になったら、カロリーの摂取は（アルコールも含めて）控えるようにします。これさえ守れば、好きなものを食べてもいいし、お酒も飲める、ということです。

この逆ピラミッドの食事が、後に紹介するクワバラ式体重管理メソッドの土台となりますので、考え方だけは覚えておいてください。様々なトップアスリートやモデルたちが、この方法で、確実かつストレスフリーのダイエットに成功したのです。

私が主宰する桑原塾では、所属する管理栄養士が、アスリートたちのコンディショニングを食事面からサポートします。その際のちょっとした工夫やノウハウを、以下にまとめてみました。調理にまで意識的に取り組む場合は、ぜひ参考にしてみてください。

❖高タンパク低脂質になる食材三〇

ボディメイクをしていくうえで、食べ方のポイントをいくつか紹介しましたが、何よりも大切なのは、自分（あるいは家族）で料理をすることです。これを実現すれば誰よりもパーフェクトな肉体に近づくはずですが、毎食調理するのはハードルが高いことでしょう。

しかし、いくつかのポイントをつかめば、誰でも簡単に高タンパク低脂質な料理がつくれます。その第一ステップは、食材を揃えること。これを「アスリート食材」と呼び、代表的なものを三〇種類選びました。

これらを使って料理をすることで、ボディメイク向けの栄養バランスがとれた食事に近づくことができるのです。

①**牛乳**：カルシウムとタンパク質が効率的に摂れるアスリートドリンク。低脂肪、無脂肪を選ぶ。
②**チーズ**：いろいろな料理に少しずつ加えて、タンパク質とカルシウムをアップ。
③**しらす干し**：カルシウムとミネラルが補給できる海のサプリ。
④**納豆**：植物性タンパク質やビタミンB群が豊富。
⑤**豆腐**：低脂質で植物性タンパク質が効率よく摂取できる食材。
⑥**卵**：アミノ酸のバランスもよく、ビタミンB群も豊富。新鮮なものを選んで。
⑦**豚肉切り落とし**：ビタミンB群補給食材。料理の汎用性《はんようせい》も高い。赤身のものを選び、脂身は取り去って薄く延ばして冷凍保存すると便利。

⑧ **鶏ささ身**：高タンパク低脂質の代表選手。茹《ゆ》でて割《さ》いて冷凍に。生のままヨーグルトや塩麹《しおこうじ》に漬けて冷凍してもＯＫ。

⑨ **鶏ひき肉**：できればささ身やムネ肉のひき肉で。鶏そぼろにして冷凍庫で保存。

⑩ **カツオ**：アスリートに必要なアミノ酸がたっぷり。ミネラルも豊富。

⑪ **ブロッコリー**：葉酸などを多く含み貧血対策にも強力な助っ人。

⑫ **小松菜**：カルシウムと鉄が多い野菜の代表選手。フルーツとの相性もよい。

⑬ **トマト**：ビタミンＣとリコピン（ポリフェノール）を多く含む。

⑭ **にんじん**：抗酸化ビタミンを多く含む野菜。彩《いろど》り野菜として多用すべし。

⑮ **キウイフルーツ**：ビタミンＣたっぷり。タンパク質の消化を助ける効果も。

⑯ **バナナ**：炭水化物とミネラルが多いアスリートフルーツの王様。

⑰ **お餅**：いつでも炭水化物の補給ができるよう冷凍庫にストック。

⑱ **玄米**：ビタミンＢ群が補給でき、ＧＩ値（炭水化物が消化されて糖に変化する速さを表す数値）を下げる効果も。白米に混ぜて毎日摂ろう。

⑲ **そうめん**：炭水化物スピードメニューのお助け食材。夏には大活躍するはず。

⑳ **スパゲッティ**：パスタ料理はみんな大好きな炭水化物メニュー。

㉑ **さといも**：炭水化物が豊富で、消化機能を助ける効果も。

㉒**切り干し大根**：カルシウムや鉄を効率的に補給できる。
㉓**干しひじき**：鉄やマグネシウムなどミネラルたっぷりで欠かせない食材。
㉔**高野豆腐**：カルシウムたっぷりの保存食材。
㉕**ツナ缶**：タンパク質がいつでも補給できる控え選手。ノンオイルを選んで。
㉖**大豆水煮缶**：植物性タンパク質が補給できる保存食材。
㉗**あさり水煮缶**：ミネラル豊富で料理にコクを与える。汁系との相性がよい。
㉘**梅干し**：クエン酸や塩分補給の救世主。アスリートには欠かせない一品。
㉙**かぼちゃ**：どんな料理にも合って、ビタミン補給ができる便利な食材。
㉚**ながいも**：ネバネバ成分が体の疲労回復を助ける。

これだけストックしていれば、毎日の料理にバリエーションが増えて、楽しくなります。たとえば、⑳スパゲッティ＋③しらす干し＋㉘梅干し＋⑧鶏ささ身で、低脂質の和風パスタができます。また、味噌汁に、⑤豆腐＋⑦豚肉切り落とし＋⑫小松菜＋㉒切り干し大根を入れると、タンパク質とミネラルのバランスがよくなります。

このように、栄養素を細かく考えなくても、アスリート食材を使うことで、ある程度、理想的な食事に近づいていくのです。

❖低脂質にする調理ポイントとは

低脂質にする場合、食材選びも大切ですが、その後の調理方法によっても大きく変わってきます。逆に、多少の脂質が含まれているものでも、調理方法を工夫すれば、脂質カットが可能になる場合もあります。以下、低脂質にする調理ポイントをまとめておきます。

①目に見える油（脂）は摂らない

これは調理というより、食材選びに近いのですが、目に見える油（脂）は摂らないことを徹底してみましょう。

たとえばスーパーで食材を選ぶ際に、加工食品には「栄養成分表示」がありますので、必ず脂質をチェックするようにします。ヘルシーに見えて意外と脂質が多いものもありますし、同じような「ちくわ」や「はんぺん」に見えても、植物油脂が添加してあるものと無添加のものがあります。

また精肉コーナーでも、脂の多いものではなく赤身を選ぶようにしましょう。自然の食材ですから、同じ部位でも、季節や産地によって脂の付き方は異なります。あるいは、脂と赤身が明確に分かれているものを選ぶ。そうすれば、後で取り去るのも簡単です。

②　調理器具の工夫で油を無添加に

焼き物や炒《いた》め物をする際には、少量の油を加えることが調理の基本ですが、ボディメイク中には、なるべくこの油も避けたいところです。幸いにも最近の調理器具は進化しており、焦げ付かないようにフッ素加工されたフライパンや、それを補助するフライパン用アルミホイル、レンジ用シリコン器具、油で揚げないノンフライヤーなどもあります。

すべてを揃える必要はありませんが、お鍋やフライパンを購入するときは、ぜひフッ素加工されたものを選ぶようにしてください。

③　調理方法にひと手間加えてローファットに

低脂質の食材を選ぶことが最適ですが、もし取り切れない脂があるときは、一度サッと茹でたり蒸《む》したりするといいでしょう。お肉の部位にもよりますが、バラ肉など脂が多い場合は、三〇〜五〇％の脂質がカットできる場合もあります。中まで火を通す必要はありませんので、さっと湯通しして、その後、煮物や炒め物に使いましょう。

ただ、火を通せば通すほど食材は固くなり、パサパサしてしまいます。そんなときには、湯通しする前に少量の片栗粉《かたくりこ》を食材にまぶしてみてください。食感がプリッとなり、旨《うま》みも流出しにくくなります。

④　油がなくても美味《おい》しくなる助っ人を

①〜③を活用して徹底的に低脂質調理をするのですが、「油（脂）＝旨味」でもあるため、やはり美味しさが損なわれてしまいます。そこで、別の旨みを持つ食材をプラスしてみましょう。

まずは香辛料。ニンニク、唐辛子、生姜《しょうが》などは、食欲増進効果もあります。直接このような食材を使ってもいいですし、これらの入ったキムチや焼き肉のタレなどを利用するのもいいでしょう。ただ、焼き肉のタレは脂質が入ったものもありますので要注意です。

次にアミノ酸。美味しさを決めるアミノ酸としては、グルタミン酸やイノシン酸などを挙げることができます。一般的にいわれる「だし」に含まれる成分です。つまり、和風だしや中華だしを加えることで美味しさがプラスされます。

❖アスリート食材を使ったレシピ

次に、高タンパク低脂質のアスリートレシピを、実際にいくつか紹介します。ただヘルシーな料理を紹介しても魅力的ではないので、ここで紹介するレシピは、普段は「高脂質」としてイメージされている料理をひと工夫してヘルシーにしたものです。ぜひ参考にしてみてください。

①アスリート食材の無脂肪カレー

〈材料（2人前）〉

玉ねぎ　⅓個、ニンニク　½片、豚ヒレ肉　80g、トマト水煮缶　⅓缶、しめじ　½パック、かぼちゃ　40g、エリンギ　1本、ブロッコリー　⅕株、キウイの皮　少々、お酒　少々

A：コンソメスープ　200cc、ウスターソース　大さじ1、ケチャップ　大さじ1、醤油　大さじ½、赤ワイン　大さじ2

B：米粉　大さじ1、カレー粉　小さじ2、ガラムマサラ　少々、塩・こしょう　各適量

雑穀《ざっこく》ご飯　400g

〈作り方〉

1　豚ヒレ肉は一口大に切り、キウイの皮と一緒に少量のお酒につけておく。

2　玉ねぎはくし形切り、ニンニクはみじん切り、かぼちゃは一口大に切る。エリンギとしめじは石突《いしづ》きを取ってほぐす。

3　鍋を中火で熱し、少量の油でニンニクを熱し、香りが出てきたら玉ねぎを加え火を通す。
4　豚肉を加えて白っぽくなるまで炒め、かぼちゃ、しめじ、エリンギを加える。
　　具材がしんなりしてきたら、トマトの水煮とAを入れ、弱火にして15分ほど煮込む。
5　Bを加え、ブロッコリーを加えて一煮立ちさせたあと、塩・こしょうで味を調える。

②アスリート食材の無脂肪ミートソーススパゲッティ

〈材料（2人前）〉
豚もも肉（赤身）100g、鶏ささ身　1本、玉ねぎ　½個、にんじん　¼本、しめじ　50g、ニンニク　1片、トマト水煮　200g
A：ケチャップ　大さじ2、ウスターソース　大さじ2、砂糖　大さじ1、コンソメ（固形）1個
米粉　大さじ1、塩・こしょう　各適量、パスタ　200g

〈作り方〉
1　玉ねぎ、にんじん、しめじ、ニンニクをみじん切りにする。豚肉と鶏ささ身はフードプロセッサーで粗めにひく。

2　フライパンにニンニク、玉ねぎ、肉を加えて炒《いた》める。火が通ったらにんじんとしめじを入れて軽く炒める。
3　トマト水煮とAの調味料を加えて、弱火で10分ほどかき混ぜながら煮込む。
4　米粉を加えて、さらに1分ほど加熱する。塩・こしょうで味を調え、茹《ゆ》でたパスタの上にかければでき上がり。

③赤身肉で超低脂肪ジューシー豚丼

〈材料（2人前）〉
玄米ご飯　600g、豚切り落とし肉　200g
A：キウイ　⅓個、酒　小さじ1、薄口醬油　小さじ1、片栗粉《かたくりこ》　小さじ2
B：だし汁　1カップ、薄口醬油・みりん　各大さじ2
玉ねぎ　1個、卵　2個、青ねぎ　適量

〈作り方〉
1　Aのキウイを潰して酒と醬油を混ぜた液に豚切り落とし肉を入れてよく揉《も》み、30分ほど漬け込む。
2　漬け込んだ豚肉に片栗粉をつけて、湯が沸騰した鍋に入れ、1〜2分茹でて取り出す。

3　別の鍋にBの調味料と薄切りにした玉ねぎを入れて煮立たせる。
4　煮立ったら2の豚肉を入れて、一煮立ちさせたら、溶《と》いた卵と青ねぎを加えて火を止め、ご飯の上にのせる。

④ノンフライのさといもコロッケ

〈材料（2人前）〉
さといも　4個（200g）、豚ひき肉　80g、玉ねぎ　小½個
塩・こしょう　各適量
A：パルメザンチーズ　小さじ1、塩・こしょう　各少々
B：卵　30g、牛乳　小さじ2、塩・こしょう・カレー粉　各少々
パン粉　40g、ソース　適宜

〈作り方〉
1　さといもは皮をむき、大きめに切って茹でる。ざるに上げて水けをきり、熱いうちに潰す。
2　ひき肉は塩少々を入れて茹で、ざるに上げて流水で洗い、水けをきる。玉ねぎはみじん切りにする。フライパンで玉ねぎとひき肉を炒めて、軽く塩・こしょうし、潰したさ

といもに混ぜて、Aを加え、さらに混ぜる。

3　パン粉はオーブンの天パンにひろげ、ときどき混ぜながら180度で20分ほど焼いてキツネ色にする。

4　2を俵形《たわらがた》に丸め、Bを混ぜた衣にくぐらせて、3のパン粉を付ける。190度のオーブンで7分焼く。適宜ソースをかけて食べる。

⑤無脂肪ヨーグルトを使ったパンナコッタ

〈材料（2人前）〉

無脂肪ヨーグルト　80g、無脂肪牛乳　100cc、グラニュー糖　10g、ゼラチン　2g

レモン果汁　10cc、ミントの葉　1枚、キウイ　少々

〈作り方〉

1　ヨーグルトは水きりをしておく。ゼラチンを少量の水でふやかす。

2　牛乳をレンジで少し温め、砂糖を加え、スプーンで泡立てないように混ぜる。

3　2に、ふやかしたゼラチンを加えて溶かし、あら熱を取る。

4　3に、ヨーグルトと、ミントとキウイのエキスが染み込んだレモン果汁を加えてまぜ、容器に入れ、冷蔵庫で1時間以上冷やし固める。

❖ＰＦＣバランスとは何か

さて次は、整えるべきバランスをあえて崩す、アスリート流の方法を解説します。まず、ＰＦＣバランスから書きましょう。

ＰＦＣバランスとは、三大栄養素と呼ばれる、タンパク質（Ｐ）、脂肪（Ｆ）、炭水化物（Ｃ）のバランスのことです。このバランスをある程度守っていれば健康的にもよく、結果として体型も大きく崩れることはないとされています。

ちなみに日本人にとっての理想の比率は、Ｐ：Ｆ：Ｃ＝一五：二五：六〇が目安とされています。これはエネルギー比なので、実際に食べる量とは少し違います。一般的にタンパク質と炭水化物は一グラム当たり四キロカロリーですが、脂肪は一グラム当たり九キロカロリーもあるからです。

ですから脂肪は、全体の二五％まで摂ってもいいと思っていても、ファーストフード系の食べ物を少し食べると、リミットをすぐに超えてしまいます。

たとえば一日の総摂取カロリーが二〇〇〇キロカロリーの女性が、ファーストフード店でフライドポテトのＭサイズを一個食べたとします。するとそれだけで、理想のＰＦＣバランスで摂取を許される脂肪の四三％も摂ってしまうことになるのです。さらにドーナツ店の定番ドーナッツを一個食べたら、一日分の七〇％をゆうに超えてしまう……現代の食生活では、それくらい、脂肪は簡単に摂れてしまう栄養素なのです。

このＰＦＣバランスは万国共通ではなく、欧米人はＰとＦが多くＣが少ない比率でバランスをとっています。ただ、和食はＰＦＣバランスが理想的であるといわれており、アメリカなどでもヘルシー食の代表として人気があります。

しかし、さらなるグッドシェイプを目指す場合には、時としてこのＰＦＣバランスを崩していく必要が生じます。

そもそもＰＦＣバランスとは、整える、という概念ですから、崩し方という発想はなかなか生まれてきません。それどころか、肥満の人や極端に体重の少ない人は、恐らくＰＦＣバランスも崩れているでしょうから、正しいバランスを意識することで、体型も正常に近づいていきます。

そのＰＦＣバランスの崩し方です。

たとえばアメリカで大流行し、日本でも話題になったアトキンスダイエット。別名「ローカーボダイエット」ですが、これもある意味ＰＦＣバランスを積極的に崩しています。

それは、炭水化物（Ｃ）を極端に絞って、タンパク質（Ｐ）は積極的に摂り、脂肪（Ｆ）は制限をしないという崩し方。セレブリティも取り入れているフランス発のデュカンダイエットも、アトキンスダイエットからさらに脂肪をカットするというようにPFCバランスを崩しています。

ここでは両ダイエットの批評はしませんが、あえて一点だけ問題点を挙げるならば、リバウンドの恐れがあるという点でしょう。それはPFCバランスを崩す際に、極端な糖質カットという方法で行っているからなのです。最後にリバウンドを避けるためのフェーズ（段階）を設けているのも、そのためかと思われます。

では、クワバラ式体重管理メソッドの基礎となるPFCバランスの崩し方を見てみましょう。

仮に理想のPFCバランス（一五：二五：六〇）で三〇〇〇キロカロリーを摂取していた人が、ダイエットのために二〇〇〇キロカロリーにまで制限をするとします。その場合もPFCの比率を崩さないようにして、ほぼ理想の比率でカロリー制限をしたらどうなるでしょうか？

おそらく体重は減り、ウエストも絞れ、周りからもダイエットは成功したと、一定の評価をしてもらえるでしょう。

しかしそれは、もともとの体型がそのままシュリンク（収縮）して小さくなった体型ともいえるのです。

もしも単に小さくなりたいというのであれば、ＰＦＣバランスを整えながらカロリー制限をすることは間違いではありません。が、筋肉量は維持しつつ不要な脂肪を落としていこうというのであれば、さらにひと工夫が必要となってきます。

先に崩し方の結論を教えましょう。

Ｐは量で固定、Ｃは率で固定――これが原則です。

詳しく説明しましょう。

三〇〇〇キロカロリー時の理想のＰＦＣバランスをそれぞれの栄養素に振り分けると、タンパク質（Ｐ）で四五〇キロカロリー（約一一三グラム）、脂肪（Ｆ）が七五〇キロカロリー（約八三グラム）、炭水化物（Ｃ）が一八〇〇キロカロリー（四五〇グラム）となります。

これを二〇〇〇キロカロリーに減らしたときに、Ｐは量、Ｃは率で固定すると、Ｐは四五〇キロカロリー（約一一三グラム）を摂り、Ｃは二〇〇〇キロカロリーの六〇％の一二〇〇キロカロリー（三〇〇グラム）を摂ることとなります。そのしわ寄せがＦにいきますから、Ｆは三五〇キロカロリー（約三九グラム）となります。

このときＰＦＣバランスの比率を見ると、二二・五：一七・五：六〇となり、当初の一五：二五：六〇から崩れた形となります。

ここで一つ覚えておくべき体重管理術は、高タンパク低脂質の食事で、加えて炭水化物は

常に五〇％以上にするということ。この原則を維持しながらカロリー制限をしていくのです。

❖お酒のカロリーは問題外

ダイエットの場合、「明確な目標」がつくれるか否《いな》かが成否を分けるといっても過言ではありません。なぜならば、明確な目標があることが持続させるエネルギー源となるからです。

そしてもう一つ押さえておきたいポイントは、質の悪いガマンをしないということです。言い換えれば、質の悪いガマンをする前に、ガマンの原因を処理してしまうのです。ガマンには質の良いガマンと悪いガマンがあります。たとえば、お酒が好きでたまらないという人の例。実際、私もほぼ毎晩の晩酌《ばんしゃく》派です。

その私の場合、ボディビルのコンテストに出るぞとか、健康診断が来週あるぞとか、かなり明確な目標がある場合の禁酒は容易なのですが、ちょっとだけ体を絞ってみようとか、夏も近いから軽くダイエットしようなどといった程度の動機では、結局、晩酌を続けてしまいます。

そこで、ガマンできるものとできないものとをあらかじめ分けておいて、優先順位を決めるのです。食後のデザートだけは譲れないという人は、その要素はイキ、などというふうに。

ただし、何かを得るためには何かを諦《あきら》めるという点は、しっかりと意識しておく必要があります。すなわち、食後のデザートはOKだけれども、デザートの内容にはこだわりを持つということです。

あるいはお酒の場合でも、飲む量を決める、あるいは蒸留酒にこだわるなど。また、つまみは控え、就寝前の二時間は飲食しないという点も守るようにしてください。

アルコールの話が続きますが、アルコールは太るというイメージが強いかもしれませんが、実は**アルコールはエンプティエナジーなどと呼ばれており、非常に代謝が速いため、実際はカロリーとして、さほど脅威ではありません。**

逆に、アルコールはグリコーゲンなどのエネルギー源にもなりにくいため、栄養価という観点からは評価されません。

しかし通常の液体と違って、どんどん消費できるために摂取量も多くなります。中ジョッキと同量の水を飲むことはやや苦痛ですが、ビールなら簡単です。

実際は、大量に摂取してしまう点と、おつまみに問題があるのです。本当に空腹なら別ですが、アルコールの勢いで何かを食べるという行為は、ボディメイク的には極めて残念な行為。締めのお茶漬けとか焼きオニギリとか、はたまたラーメンとかも……。

❖夕食はとことん楽しむ

お酒を飲むと、アルコールを処理するため、肝臓はフル回転で働きます。その際に、肝臓のグリコーゲンが大量に消費されていきます。

すると、胃のなかには食べ物がたくさん入っているのに、一時的に肝臓のグリコーゲンが減るため、低血糖に似た状態が起きます。これが飲酒後の空腹の原因なのです。

ですから、飲み会のあとなどに空腹を感じた際には、「騙《だま》されるな、騙されるな、胃には、たらふく食べ物が詰まっている」と、自分に言い聞かせて乗り切るようにしましょう。

デザートの場合も同様に、カロリーオフを意識したり、脂質が少ないものを探したりする楽しみを覚えるべきです。

夜の食事は量よりも質――だからこそ、美味しいものを少量だけ食べるように心がけてみてください。

以前、アメリカに行ったときに、現地での会議が盛り上がってしまい、ランチタイムに支障をきたしたことがあります。もう正午を回っているので大丈夫かなと思っていたら、現地のアメリカ人が「パワーランチだ」などといってニコッと笑いました。

パワーランチとは、ビジネスの場で打ち合わせをしながら摂るランチのことですが、場所がシカゴだったこともあり、少々期待感がありました。もしかしたら極上ステーキだったりして、などと。

すると、そこに出てきたのは、なんとミールリプレイスメントと呼ばれるサプリメントとミネラルウォーター……さらに、よろしければバナナも準備しています、とのこと。私のイメージは完全に覆《くつがえ》されました。

——その日の晩。ディナーに招待されたのですが、昼が昼だけに、まったく期待はしていませんでした。自分で店を探したほうがいい、などと思いながら……ところが今度は、昼とまったく逆のパターン。現地でも有名なステーキハウスで、ビールに赤ワイン、そしてもちろん上質なステーキの豪華な食事だったのです。

要は、昼間の食事には楽しみや喜びを求めず、働くために必要な栄養補給をすると割り切っているのです。逆に夕食は、栄養補給もさることながら、楽しむという要素を大切にしているわけです。

夕食から「楽しみ」という要素を排除してしまうと、ダイエットを実行しようとしても長続きしません。そのことを再認識したエピソードでした。

ヤル気が出てくる
エクササイズ名言②

「漸進的向上」

一九七六年にボディビルの世界大会「NABBA」のショートクラスで優勝し、全クラスを対象としたオーバーオールでも優勝、ボディビル王者に与えられる「ミスター・ユニバース」の称号を勝ちとったのが杉田茂氏《すぎたしげる》。私の師匠です。

その杉田氏の座右《ざゆう》の銘《めい》が「漸進《ぜんしん》的向上」——漸進的とは、少しずつという意味ですから、ほんの少しずつ進化するという意味です。エクササイズ、とりわけ筋肉づくりは一気には成果が出ません。目に見えないミクロの進化の積み重ねです。

クロトナのミロは、古代オリンピックのレスリングのチャンピオンですが、少年の頃に仔牛を担《かつ》いで一キロほどの道を毎日往復しました。この仔牛は、やがて成長して大人の牛となるわけですが、仔牛の成長に伴って、ミロ少年の肉体もどんどん成長していく……そんな話です。

しかし昨今、ゲームにしてもパソコンにしても、少しずつ積み上げるという感覚よりは、一気に作り上げてダメだったらリセットする、という発想が強くなっています。が、どんなに技術が進歩しても、エクササイズでは、「漸進的向上」という本質は変わることがありません。慌《あわ》てず、しかし怠《おこた》らず、一つ一つ積み上げていきましょう。

この章のポイント

①朝食は質より量にこだわり、食べやすい食材でボリュームを出す。
②「朝→昼→晩」と量が減っていく「逆ピラミッド食事法」を！
③高タンパク低脂質になる三〇種類の食材を使う。
④夕食はとことん楽しむ！

第三章　体重管理メソッドのカンタン科学

❖脂肪はいつ燃えるのか

脂肪を燃やすには、何をおいても有酸素運動——これはセオリーですし、発想自体は間違っていません。しかし、有酸素運動だけで脂肪を落としていくと筋肉も犠牲になっていく点が問題となります。

そこでいくつか有酸素運動に頼らない方法が考えられます。

まずその筆頭が睡眠——。

寝るだけで脂肪が燃える？　そんな虫のいい話ってあるの？　と思うかもしれませんが、実は**睡眠時は、脂肪を燃やすのに格好のタイミングなのです。ただし、一つだけ条件が必要です。それは空腹である、ということです。**

空腹、そして睡眠時代謝……この二つの要素が合体すると、脂肪は上手にメラメラと燃えはじめます。

有酸素運動をやっているときに比べれば燃える勢いは弱いものの、長時間続くので、結果として、燃える量は圧倒的に多くなります。

実は「逆ピラミッド食事法」の狙いの一つも、ここにあるのです。

❖筋トレ後に燃焼し続ける脂肪

では筋力トレーニングはどうでしょうか？

「筋トレ＝筋力の強化」「有酸素運動＝脂肪の燃焼」という構図で固定されていませんか？が、実は筋トレでも脂肪は燃えています。

しかも、有酸素運動よりも長時間燃えるのです。

パッと燃え上がる分は有酸素運動が圧倒的なのですが、運動が終わったあとでも燃え続けてくれるのは、筋トレのほうなのです。

結論としては、**筋トレをしたあとに有酸素運動を行うと、もっとも効率よく脂肪が燃えてくれます。**

筋トレをメインにするか、有酸素運動をメインにするかは、その人のボディメイクへの取り組み方によりますが、いずれにしても比重をどちらに置くかは別として、両方実施することを勧めます。

筋トレがメインの人は、そのあとに有酸素運動を二〇分程度、有酸素運動がメインの人は、筋トレをその前に二〇分ほど実施しましょう。

そう、この「二〇分」が、ぐっと効果を上げてくれるのです。

❖脂肪燃焼のメカニズムとは

さて、脂肪燃焼のメカニズムを簡単に書くと、次のようになります。

「分解↓運搬↓燃焼」

要は、この三つのハードルを越えなくては、脂肪は燃焼してエネルギーに変わってくれません。一生懸命頑張っても、最初のハードルでつまずいていると、その先の効果は半減してしまいます。

では、この三つのハードルはどうやったら下げることができるのでしょうか？

まず最初のハードルである分解――これは日常的に活動的なライフスタイルの人は比較的容易です。逆に、内勤業務が多いような人には、ハードルが上がってしまいます。

先述の筋トレなどは、アドレナリン、ノルアドレナリンが分泌《ぶんぴつ》されるので、このハードルを下げる作業でもあります。また身近な素材としては、カフェインもこの分解に関与しています。

もともとカフェインは、鎮痛《ちんつう》や覚醒《かくせい》といった効果が期待される物質ですが、最近では脂肪を燃やすという実験データが多く出ています。その作用としては、脂肪を分解するというものであり、やはり最初のハードルを下げるのに効果的なのです。

二つ目のハードルは運搬です。

脂肪は分解されると脂肪酸になります。この脂肪酸は、細胞内の「エネルギー製造装置」たるミトコンドリアのなかで、クエン酸回路（TCA回路）というものに取り込まれていきます。その際に、ミトコンドリア内に脂肪酸を運び込む運搬の能力が、第二のハードルとして重要となります。

このハードルは、年齢とともに上がっていきます。つまり、子供の頃は優れた運搬能力を誰もが持っているのですが、加齢とともにそれが落ちる。そして、太りやすくなってしまうのです。

そして、この運搬を一手に担っているのが、カルニチンというアミノ酸です。カルニチンは、体内では、メチオニンとリジンというアミノ酸が中心となって合成されています。この合成能力が年齢とともに下がってくるというわけです。

ありがたいことに二〇〇二年に食薬区分の改正が行われ、いまではカルニチンをそのままサプリメントで摂取することができるようになりました。ですから、比較的容易にクリアできるハードルかもしれません。

そして、いよいよ最後のハードルが燃焼ということになります。

燃焼の場所は、先ほど述べたクエン酸回路です。この回路がしっかり働けば脂肪は燃えてくれますが、働きが鈍ってくると燃焼能力がダウンします。

このハードルは、トレーニングの内容でも変わってきます。

すなわち、ハードなトレーニングを積んでいる人でも、持久系のトレーニングをしていないと、このハードルは高い。逆に、普段から走ったり歩いたりすることが多い人は、燃焼能力が上がっています。

そして、このハードルを下げてくれる一つの物質がＨＣＡ（ハイドロキシクエン酸）です。聞きなれない名称かもしれませんが、ガルシニアという東南アジア原産の果物の皮に含まれる成分です。ガルシニアという名前だと、少し知名度が上がるかもしれません。

このＨＣＡは、名前のなかにクエン酸とついていますが、いわゆるクエン酸ではありません。ただ分子構造が似ているため、名称も似ているのです。

このＨＣＡを摂取すると、体内でクエン酸に反応するはずだった酵素がＨＣＡと反応し、結果として本来のクエン酸がより有効活用され、脂肪の燃焼効率を上げてくれるのです。

「分解」「運搬」「燃焼」の三つのハードルを理解してライフスタイルを変え、あるいはそれぞれのハードルに見合ったサプリメントを取り入れることで、より効率よく脂肪を燃やすことが可能となります。

他にも面白い物質はありますが、それは後の章で詳しく紹介することにしましょう。

❖体重増と筋肉増量とは大違い

様々な競技のアスリートたちのボディメイクを手伝ってきましたが、これまで減量やダイエットで失敗をさせたことは一度もないと自負しています。

たとえば、こんなことがありました。ある柔道の選手が、出場予定のなかった海外の大会に急遽《きゅうきょ》、出場することになりました。しかし元来、無差別級であったうえに、出場する予定もなかったため、体重は増え放題、ところが出場を打診された枠《わく》は何階級も下のクラス……たった一週間で一二キロの減量をしなくてはなりませんでした。このときも、前日計量にはピタッと合わせて見事にクリアできましたし、その自信はあったのです。

ただ一方で、体重を増やす、とりわけ筋肉をつけるという点に関しては、相当に高いハードルだと感じています。それだけ増量（＝バルクアップ）は難しいものなのです。

とはいうものの、より効率的なやり方はあります。

まず、単純に摂取カロリーが消費カロリーを上回っていれば、確実に体重は増えます。もしも運動していないのに食べても太らないというのであれば、相当、基礎代謝や睡眠時代謝が高いということでしょう。消費カロリーが勝《まさ》っているか、逆に食べたものが排泄されてしまっていて、本当の意味での食物摂取となっていない、ということでしょう。

逆にいうと、単純に体重を増やしたいのであれば、とにかく食べて、動かない……この二つに尽きるのです。

ところが、筋肉をつけるということになると、そう簡単にはいきません。仮に一年で体重が一〇キロ増えたとしても、正味の筋肉は薄皮一枚程度増えたくらいだといわれます。

ちなみに、筋肉を増やすためには、トレーニングという要素が不可欠となります。なにもジムに通うだけがトレーニングではありませんが、身体への負荷（=刺激）という要素抜きに筋肉は発達してくれないのです。

❖エネルギーを効率的に体の部位に

ここにバルクアップのためのトレーニングのコツを、三つ挙げておきます。

まず一つ目は、少しずつ負荷を増やしていくこと。二つ目は、期間を決めて内容を変えること。三つ目は、トレーニングにエネルギーを集中させること。この三つです。

一つ目の少しずつ負荷を増やすことを少し難しい言葉で表現すると、「漸進的《ぜんしんてき》負荷原理」といいます。漸進とは「少しずつ」という意味です。

ルーブル美術館にクロトナのミロという彫刻があります。先述したように、ミロは古代オリンピックのレスリングのチャンピオン。このミロは少年の頃に、仔牛を担いで毎日一キロほどの道のりを歩いていたそうです。仔牛は日々成長して大きくなりますが、そのまま担いで歩き続けた結果、ミロ少年の身体も筋骨隆々になったという逸話《いつわ》が残っています。

そう！　これこそがまさに漸進的負荷原理です。仔牛の成長に伴う体重増が負荷の増大であり、成長のスピードが漸進的（少しずつ）という要素にドンピシャなのです。

二つ目の期間を決めて内容を変えることを、専門用語で「ピリオダイゼイション」といいます。

野球の選手はシーズンが終わるとオフになりますよね。その際、最初は温泉に入ったりして心身ともにリフレッシュします。

その後、ウエイトトレーニングなど、ボールやバットには一切触らないトレーニングを行い、選手によっては俊敏性やパワーアップのトレーニングに移行していきます。そして年明けからようやくボールやバットに触り、徐々に野球の動きを取り入れていき、やがて紅白戦、オープン戦と実戦に近づき、開幕に備える……。

つまり期間を決めて、まったく異なる内容の刺激を身体に与えていく――これもピリオダイゼイションの一つです。

毎日同じ内容のトレーニングをすることは素晴らしいのですが、やがて身体が適応を済ませてしまうと、それ以上の発達が見込めなくなります。だから、あらかじめ計画的に期間を決めて、トレーニングの内容をガラリと変えてやるという方法です。

元来《がんらい》、人の脳は、新しいことに対しては拒絶反応を示すようにできているそうです。新しいこととは未知のことですから、危険があるかもしれないと感じ、本能的に防御反応を示すというわけです。

トレーニングをはじめると、最初はきつくても徐々に体に馴染《なじ》んでいき、楽しくなっていきます。ランニングなどをする人は分かりやすいかもしれません。ところが体に馴染んでくるということは、体が適応をしているということでもあって、刺激が弱くなっていることを意味します。

こんな状態をあらかじめ想定して、計画的に新しい内容に切り替えていくのです。

最後に、トレーニングにエネルギーを集中させるということですが、これにはエネルギーが有限であるということを理解しておく必要があります。

トレーニングをするということは、エネルギーを使うということ。ですから、なるべく上手に効率よくエネルギーを使わなくては、トレーニングの効果が半減してしまいます。

よく家から駅まで歩くようにするとか、エスカレーターを使わずに階段を使うとか、なるべく身体を動かすことが推奨されます。そのこと自体は間違いではありませんし、正しい行為ですが、それでエネルギーを消耗してしまったら、肝心《かんじん》のトレーニングの強度が下がってしまいます。

普段、身体を動かす習慣がなく、かつトレーニングにも縁のない人の場合は、日常の動作をトレーニング的な発想で増やしていくことは正解です。ところが、仕事を終えてジムに通う人、帰宅後にランニングする人などの場合、その時点でエネルギーの消耗が激しければ、トレーニングの質が下がるばかりか、筋肉量が減ってしまうのです。

エネルギーは上手に蓄えて、使うときは集中して一気に使う——。

ちなみに、少しマニアックなトレーニングの話をします。各種トレーニングマシンがなかった時代には、スクワットが脚のトレーニングの中心でした。しかし最近のジムには、レッグプレス、レッグエクステンション、ハックマシンなど、様々なマシンがあります。

スクワット自体は相変わらず効果の高いトレーニングですが、重量の重いバーベルを担ぐなどすることで、相当なエネルギー消費となります。つまり脚のトレーニングであるにもかかわらず、背中やお尻など様々な部位を総動員して行っているのです。その結果、体の疲労感が大きくなってしまいます。

ですから、こうしたケースでは、持っているエネルギーをより効率的に脚という部位に限定して効かせるのであれば、レッグプレスやレッグエクステンションといったマシンを活用すべきでしょう。

これはトレーニングの中上級者が陥る落とし穴でもあります。脚トレはスクワットだけだという呪縛から解放されることで、エネルギーの上手な使い方を学びましょう。

❖「補食」を上手に取り入れると

さて、次は「補食」についてです。補食とは、食間に摂る小さな食事のこと。同じようなニュアンスで間食という言葉もありますが、補食の場合、一日トータルの摂取カロリーを増やす目的で摂ります。

お相撲《すもう》さんは一日二食制です。朝起きて朝稽古《あさげいこ》をし、エネルギーをカラカラに使い果たしてから目一杯チャンコを食べます。それから昼寝をして、今度は夕稽古をし、またチャンコ。一日二食の分、一食の量をだんだん増やすようにしていきます。

これは体重を増やすという意味においては、理にかなった効率的な食べ方なのですが、欠点がいくつかあります。

まず、体重を増やすことを最大の目的にしているので、体型という点においては、いわゆる「あんこ型」になってしまいます。要は脂肪もたっぷりとついてしまうのです。

もう一つは、若いうちはある程度、鍛えられて胃腸などの内臓も強くなるのですが、それもせいぜい三〇歳くらいまでで、やがて中性脂肪やコレステロールが増え、高脂血症のリスクが高まります。

日本のプロレスは力道山《りきどうざん》がスタートですから、ここにも相撲文化が根付いています。道場での食事はチャンコですし、二食制も同様でした。当然のことながら、以前はお相撲さん体型のプロレスラーがほとんど。プロレスの道場や相撲部屋の台所には、エビオス錠やビオフェルミンなどの整腸薬の巨大な瓶が置いてありしました。

ところが最近では、逆三角形のボディビルダーを彷彿《ほうふつ》とさせるようなプロレスラーがたくさんいます。時代に合わせていろいろなキャラクターが求められるようになった結果でしょう。では、どうやって、逆三角形の体型のまま体重を増やすのでしょうか。

——その答えがまさに補食なのです。

人はモノを口に入れて飲み込んだ時点で食べたと解釈しています。しかし、それは本当に食べたのではなく、とりあえず身体のなかに入れただけ。その後、胃で消化され、小腸で吸収され、初めて食べた（吸収した）ということになります。

もしも胃腸の能力を超えた量の食べ物が入ってきたらどうなるか？　一つは下痢《げり》などを起こして排泄されます。もう一つは脂肪として体内に蓄えられます。お相撲さんが体重を増やすときは、この二つ目の機能を利用していることになりますが、それも若いうち限定です。

そこで、胃腸の能力の範囲内で食事をし、しかも一日トータルの摂取カロリーを増やしたい、そのようなときのために補食があるのです。

これに関しては、あまり内容にこだわる必要はありません。コンビニで手に入るものを想定するならば、オニギリと野菜ジュースとか、バナナとスポーツドリンクなどでも構いません。冬場はオデンなどもいいでしょう。ただし、スナック菓子を補食として食べるのは避けましょう。

次の章で詳しく説明をしますが、もしも補食に使えるサプリメントを挙げるならば、ミールリプレイスメントパウダー（ＭＲＰ）というものがあります。見かけはプロテインパウダーのようですが、単にプロテインだけではなく、エネルギー源である糖質やその他の栄養素をしっかりと配合してあるものです。アメリカなどでは定着していますが、日本ではまだまだ利用者は少ないのが現状です。

このＭＲＰを上手に使うことで、常に胃腸の能力の範囲内で栄養素を摂取することができ、理想的なバルクアップが実現できます。

❖血中アミノ酸濃度とは何か

次は「血中アミノ酸濃度」――少し難しい言葉に聞こえるかもしれませんね。

肉や魚など、いわゆるタンパク質は体の材料です。このタンパク質も胃で消化されて小腸から吸収されますが、そのときタンパク質はアミノ酸という最小単位の物質になっているのです。

つまり、タンパク質が分解されるとアミノ酸になり、逆にアミノ酸がたくさんつながってタンパク質ができている。このアミノ酸についても次の章で詳しくご紹介しますが、いずれにしても、これが体の材料というわけです。

タンパク質が分解されると全部で二〇種類のアミノ酸になります。肉、魚、大豆、あるいはプロテインといった具合に、タンパク質の違いによってアミノ酸の中身も多少違いますが、いずれにしても二〇種類のアミノ酸が大本《おおもと》の材料ということです。

このアミノ酸が体内に充満した状態が長く続くと、バルクアップが促進されるというわけです。

筋肉のメカニズムは奥深く、まだまだ解明されていないことがたくさんあります。筋肉は筋線維でつくられていますが、この筋線維をさらに細分化していくと、最後はアクチンとミオシンと呼ばれる筋線維の最小単位になります。

このアクチンとミオシンが収縮して筋肉の運動は行われています。その際に、筋肉が収縮するために必要なタンパク質の量が増えていくと、筋肉は大きくなります。

この筋肉に必要なタンパク質は、通常、合成と分解を繰り返しています。分解が勝ると筋肉は萎《な》えていきますし、合成が勝ると強く大きくなっていきます。

　トレーニングをすることで合成の能力が高まり筋肉も大きくなりますが、その際に材料となるタンパク質が足りないと、合成には傾いてくれません。すなわち、血中にアミノ酸が豊富にある状態が長く続くと筋肉がつきやすくなり、バルクアップがしやすくなるのです。

❖栄養素を最も吸収しやすい時間帯

　ゴールデンタイムといっても、夜七時からのテレビの時間ではありません。トレーニングをした直後の一時間以内をゴールデンタイムと呼ぶのです。

　では、なぜゴールデンタイムなのか？　この時間帯は他のどの時間より圧倒的に栄養素を吸収しやすい時間帯だからです。そして、睡眠時以外では最も多くの成長ホルモンを分泌《ぶんぴつ》させています。

　ですから、筋肉の修復、合成、発達は、この時間帯をうまく活用できるか否《いな》かに大きく左右されます。

　よく、トレーニングをしているのに、なかなか筋肉がつかないという人がいます。専門用語で「ハードゲイナー」と呼ぶのですが、このゴールデンタイムを軽視している人が多いのです。

さらに最近は、この一時間以内がどんどん短縮されていって、三〇分以内をゴールデンタイムとするようになってきました。ですから、トレーニングが終わったら、なるべく早くプロテインを飲むことです。

このゴールデンタイムをより効果的にする、ちょっとした裏技を紹介しましょう。**トレーニング直後に、筋肉を増やすため、プロテインと一緒に糖質を摂ることです。**

しっかりとトレーニングをするということは、別の見方をすれば、体内のエネルギーが大量に消費されていることでもあります。栄養素としてはタンパク質も糖質も同等に大切なのですが、緊急事態においては、実はエネルギー源の糖質のほうの優先順位が上がります。

災害時などに避難所で配られる食料を思い出してみてください。保存性や簡便性もさることながら、オニギリ、バナナ、菓子パン、乾パンなど……ほとんどが糖質です。ですから、まずは糖質を補給して、エネルギーをしっかりと蓄えなくてはならないのです。

トレーニング直後もある意味、エネルギーが体から抜けていった非常事態ですから、体の材料となるタンパク質（＝プロテイン）はもとより、まずはエネルギー源を入れていく必要が生まれます。

ですから、プロテインを飲むのであればバナナを一緒に食べたり、オレンジジュースで割ってみるなどしたり、あるいは糖質入りのプロテイン（意外にたくさんラインナップされています）を飲むといいでしょう。

❖なぜ年間三〇〇回なのか

この私は、年間に三〇〇回のワークアウトを行うという考えのもと、「チーム３００ワークアウト」なるものをつくっています。競技の垣根を越えて、また男女の垣根も越えて、さらにはスポンサーの垣根も越えて、この趣旨に賛同したアスリートが多数参加しています。

年間三〇〇回をひと月で考えると二五回。それじゃあ、ほぼ毎日トレーニングじゃないか、サラリーマンや仕事を持っている人には無理だ、と思うかもしれませんね。私も最初はとてつもない回数だと思っていたのですが、実際にはじめてみると、意外にも普通にこなせます。

ここで実は、三〇〇日ではなく三〇〇回という点もポイントです。つまり一日二回のトレーニングで、貯金（＝貯筋）もできるからです。

もともと三〇〇回という数字を決めたのは、指導しているプロレスラーたちがだいたい年間に三〇〇回トレーニングをしていたからという、至って単純な理由。そして当時四〇歳を越えたあたりの私は、ちょうど体力に衰えを覚えはじめ、今後筋肉も萎えていくのだろうという漠然とした不安のなかにいました。しかし、一時的に奮闘してみても、翌日の疲労感がひどく、かえって逆効果だとも感じていました。

そんな状況をなんとか打破できないだろうかと思案した結果生まれた結論が、トレーニング頻度《ひんど》だったのです。

せっかくジムに来たのだから目一杯時間をかけて頑張る、というのは正しいのですが、もしジムに通うこと自体のハードルを下げることができたら、もっと効率よく鍛えられるのではないでしょうか。いろいろなパターンを試してみて、トレーニング頻度という要素が重要だと確信しました。

たとえば私の場合、会議や飲み会がある日は、早朝にトレーニングをしてから出社します。決して簡単なことではありませんが、そのために前日は少し早寝をしますし、お酒も控えます。

そのためジムは、多少遠くとも、二四時間営業のところを選びます。出張が多い人は、全国展開しているジムがいいかもしれませんね。あるいは、ジム以外でのトレーニング法を検討するのもいいでしょう。

年間三〇〇回トレーニングをするということは、しない日が非日常となります。私たちの身体は負荷に対して適応し、当然、これが日常になります。つまり、年齢などまったく関係のない世界で肉体が進化していくことになるのです。もちろん、最初は一〇〇回とか二〇〇回からスタートしてもいいでしょう。

よく「週に一回ジムに通っているのだけれど、どうしたら体が変わりますか?」という質問を受けます。答えは簡単、「週に五回通いましょう」ということです。こういう人は多くの仕事を抱え、土日も仕事という環境かもしれません。だからこそ、週一回がやっとなのでしょう。しかし、そこで妥協していては、いつまで経っても変化は起こりません。

結果として週五日できなかったとしても、行けなかった日はジム以外でトレーニングをする、という発想が生まれてくるかもしれません。一週間は七日間ありますから、その一週間の過半数をまずは目指したいですね。すると、それは四日。そうなると、年間で二〇〇回くらいになります。

そして、頻度を増やす場合には、トレーニングの内容も少し変わってきます。そう、身体をいくつかの部位に分けて行うのです。

専門的には「スプリット・ルーティン」と呼びますが、たとえば週に四回ジムに行く場合には、**毎日同じトレーニングをするのではなく、胸の日、背中の日、脚の日、肩の日という具合に分割するようにします。すると、一日目に相当胸を鍛えても背中は疲れていませんから、翌日には背中をガッツリ追い込めるのです。**

頻度を増やすと、一回あたりのトレーニングに要する時間は短くすることができ、それも魅力となります。自分には三〇〇回なんて無理だと決めつけずに、まずは年間一〇〇回といった具体的な目標を立てる、それがボディメイクのコツなのです。

❖停滞期の裏技は熱めの風呂

ここからは、ボディメイクの「プチ活」について紹介します。

プチ活とは、日常のなかで体に少しだけ刺激を与えるちょっとしたノウハウ。かなりハードなものもあれば、ラクなものもありますので、たまにこういう刺激を使ってみましょう。

まずは「熱めの風呂」。これは、既にダイエットや減量をしている人が停滞期に入ってしまったときに使う、少し裏技的な方法です。

最近のランニングブームの影響で、これまでダイエットとは無縁だった人も体に興味を持つようになりました。しかし、もともとダイエットの方法に詳しいわけではないので、摂取カロリーを抑えたり、一方では走る距離を延ばしたりといった方法で行っているケースが多いようです。

ただ、摂取カロリーを抑えると、当然、体重は落ちてきますが、ある程度進むと停滞期に入ります。これは体が守りに入り、これ以上体重が落ちていくと負担が大きくなると判断するため起こる現象。具体的には、代謝を落としてエネルギーを消費しにくい体に変え、少ない摂取カロリーに適応しようとするのです。

しかし、これは決して歓迎すべき状況とはいえません。代謝を落とすということは、すなわち筋肉を減らしていくということに直結するため、体重が落ちないうえ、守りたい筋肉が小さくなっていくのですから。

そこで、カロリー制限以外の刺激が重要になります。具体的なやり方は、以下のようなものです。

必要なものは、①体重計、②ホットコーヒー、③冷水、④熱めのお風呂、です。

まず、湯船に熱めのお湯を張ります。半身浴程度なので、一杯にする必要はありません。季節によって熱さの感覚が変わりますが、冬なら四二度、夏なら四〇度くらいでしょうか。

お風呂に入る前に体重を量ります。

そうしてホットコーヒーを持って湯船に浸《つ》かります。心臓がお湯に浸からないくらいの半身浴。湯船に浸かりながらホットコーヒーを飲みます。そして、熱くなったら湯船から出て、シャワーを浴びるなり、体を洗うなりします。次にまた湯船に浸かり、ホットコーヒーを飲みます。

これを何度か繰り返し、コーヒーが空になったら（全部飲まなくても可）、最後にシャワーを浴びてお風呂から出て、体重を量ります。すると、発汗した分だけ体重が減っているはず（脂肪が減ったわけではなく、すべて汗の分です）。

最後に、減った汗の分と同量の冷水を飲んで、すぐに寝床に入り、眠りにつきます。このとき、減った体重以上に水を飲んでも構いませんが、スポーツドリンクやアルコールはNGです。

こうすると、翌朝にビシッと体が復活しているように感じるはず。停滞した代謝を上げる、ちょっとした裏技です。くれぐれも気分が悪くならない程度で挑戦してみてください。

さて、この方法の裏づけとなっているのが、「ヒートショックプロテイン」の存在です。**熱めのお風呂に浸かると当然、体温が上がりますが、三八度くらいまで体温を上げてやると、疲労回復を促進するヒートショックプロテインというタンパク質が活性化され、免疫力が上がるのです。**

熱いお湯は体にとってストレスとなるのですが、この度合いが適度でかつ安全な場合には、それに対抗しようと防御機能が働いて、それがきっかけになって元気にもなる、というわけです。これこそ、ちょっとしたショック療法ですね。

❖自分の体を騙して楽しく減量

次もダイエットや減量で停滞期に入った人にお勧めの方法です。あるいは、ボディメイクのトレーニングがガマンできなくなってしまった人にも効果があります。

ボディビルダーたちのあいだには、「チートデイ」と呼ばれる日があります。「チート」とは騙《だま》すという意味ですから、「騙す日」ということになりますね。

では、何を騙すのでしょうか？　実は、自身の体を騙すのです。

チートデイとは、普段ガマンしているストイックな食生活から一転、食欲を解放して、どんどん食べる日なのです。

そんなことして大丈夫？　と多くの人は思いますが、**停滞期に入った体はつじつまを合わせるために、どんどん代謝を落とし、少ないカロリーや足りない栄養素とのバランスをとろうとします。そこでドンと、たくさんのカロリーや栄養素が入ってくる日があると、つじつま合わせをする必要がなくなるために、結果として代謝が上がってくれるのです。**

翌朝、一時的に体重が増えたりしますが、その後すぐに体重は落ちはじめ、数日後にはまた、順調にダイエットが進むということになります。

このチートデイは、どのくらいの期間ダイエットをするかにもよりますが、だいたい一週間に一食くらいが目安となります。たとえば金曜日の夜とか、はずせない飲み会などをチートデイに充《あ》てる、そういった利用の仕方もあるでしょう。

ただ、チートデイのもっとも大きな効果は、精神的に楽になるということです。

あれもダメ、これもダメでは、人はやがて、気持ちの面で疲弊《ひへい》してきます。一週間に一食くらいは好きなものが食べられると思うだけで、ダイエットにも前向きに取り組めるというもの。チートデイを楽しみに一週間のダイエットを頑張るというのもいいでしょう。

ここで注意すべきことは、チートデイだからといって無制限に何でも食べていいというわけではない、ということです。そうした制限を設けないチートデイを実践する人を見かけますが、やはり極端なカロリー摂取は、取り返しがつかない事態を招きます。

より正確にいえば、チートデイとは、いつも摂取を抑えている栄養素をあえて摂るという考え方。通常は脂質を抑えることが多いでしょうから、その場合には脂質に対する食欲を解放してやるのです。

ただ、このときに、カロリーの過剰摂取にならないよう、逆に糖質はセーブするといいでしょう。

たとえば脂質制限でダイエットをしている人ならば、チートデイには焼き肉を食べに行き、普通に肉を食べるのですが、冷麺やご飯は控える、といった具合です。

どこまで厳格にチートデイを考えるかですが、週に一食は解放されるという「武器」を持つと、意外にダイエットも楽しいものに変わります。

❖週に二日だけプチ断食すると

次に「プチ断食」。これは、まだ本格的なダイエットをやっていない人に勧める、ダイエットの入門編かもしれません。

実はあまり大きな声ではいえませんが、私は体質的に総コレステロール値が高いのです。これは三〇代前半の若い頃からで、父親からの遺伝だと思っています。特に悪玉コレステロール値が高く、時には中性脂肪も基準値の上限を超えてしまいます。

そこで、健康診断や人間ドックにかかる前、こっそりと数日間、このプチ断食をやって調整しています。

数値をそのときだけ落としても、まったくもって意味がないことなのですが、ただプチ断食が効果を発揮することの証明にはなっているようです。

さて、そのやり方ですが、その前に、断食について少しだけ触れておきます。

断食は歴史と経験に裏づけされた一種のダイエット法ですが、極端なカロリー制限をするため、素人《しろうと》が見よう見まねで実践することは避けるべきです。

何日間の断食を行うかにもよりますが、断食に入っていくとき以上に、通常の食事に戻してくるときに注意が必要です。その目的も、体重を落として痩せるということより、低い血糖値の状態に馴染《なじ》む、というところにあります。

これは、アトキンスダイエット（いわゆるローカーボダイエット）も同様です。短期間に体重が落ちますが、急激に痩せるということは、その後、急激に太るということにもつながるのです。

実は、断食やローカーボダイエットの目的とは、常に何か食べていないとガマンできない状態からの脱出なのです。この点だけは理解しておいてください。

さて、本題のプチ断食。これは、本来の断食とはかなり異なるもので、たとえば週に二日ほど夕食を極端に絞るといった方法です。

では実際に、どの程度、食事を絞ればいいのでしょうか？

たとえばコンビニに寄って、サラダ一パックとオニギリ一個を買い、これに加えてプロテイン二〇グラムを飲む、といった感じ。もっと絞りたければ、サラダ一パックとプロテイン二〇グラムだけでも構いません。あるいは青汁《あおじる》に必須アミノ酸を混ぜて飲むだけでもいいでしょう。

これを週に二晩。あとは普通に朝食も昼食も食べますし、この二日以外の夕食は、いつも通りに食べます。

もちろん晩酌《ばんしゃく》をしても構いません。

これは一日単位ではなく、一週単位でカロリーの調整をするというダイエット法でもあり、マイケル・モズリー博士の「週二日ゆる断食ダイエット」が流行《はや》りましたが、考え方としては近いかもしれません。

ただ「週二日ゆる断食ダイエット」の場合、その二日はカロリー計算をしなくてはならないのですが、カロリー計算は意外に大変であり、忙しい人はストレスを感じてしまいます。

そこで、丸一日ダイエットをするのではなく、夕食だけぐっと絞ってしまうというのが、プチ断食のミソなのです。

ヤル気が出てくるエクササイズ名言③

「肉体は宇宙よりも奥深い」

なぜ筋肉は成長するのか？　筋線維が壊されて再生され、それを繰り返すことで成長する……「筋線維再生系」などと呼ばれるメカニズムです。

しかし、最近もう一つのメカニズムが注目をされています。それは、タンパク質が筋線維のなかで合成と分解を繰り返す際に、合成のほうがどんどん優位になっていき、筋肉が大きくなるというメカニズムです。これは、「タンパク質合成系」とでも呼ぶべきでしょうか。

どちらも、エクササイズによって引き起こされ、促進されるメカニズムなのですが、この「タンパク質合成系」のメカニズムが証明されたのは最近なのです。さらには、筋肉の幹細胞の存在や、「マッスルメモリー」なる現象、すなわち、筋肉を鍛えて強くした経験のある人の場合、エクササイズを中止しても、再開から数ヵ月程度で筋力が戻ってくるメカニズムも、まだまだ解明されていません。

宇宙の謎に迫るのと同じような知的好奇心を体に向けていくと、日々のエクササイズが、さらに興味深く楽しくなります。

この章のポイント

①筋トレでも、実は脂肪は燃えている！
②「補食」を上手に取り入れてボディメイクを。
③ダイエットの停滞期には「熱めの風呂」に入る。
④楽しく減量するために自分の体を騙す！

第四章　即効サプリメント大公開

❖グルタミンが体内にあると絶好調

サプリメントは食品であるため、効果・効能を謳《うた》うことができません。また、摂取タイミングや、いわゆる用法・用量といったものも、厳密には規定ができません。

この章では、日常の体重管理に役立つサプリメントをまとめて一挙大公開します。特に、クワバラ式体重管理メソッドの「一ヵ月（四週間）ダイエット法」に使うサプリメントについては、詳しくレクチャーしていきます。

まずは、「グルタミン」です。

グルタミンとはアミノ酸。もう少し正確にいうならば、体をつくっているアミノ酸二〇種類のうちの一つです。

前述の通り、よくグルタミン酸と間違えられます。ただ、グルタミン酸も同様にアミノ酸ですが、それとは別のアミノ酸。分子構造が似ているので名称も似ていますが、効果としてはまったく別物です。

調味料として使われている、グルタミン酸ナトリウム（「味の素」などの調味料）はグルタミン酸ですから、間違えないようにしてください。

さて、このグルタミンは、体をつくる一構成要素としての役割以上に、単独で役に立つアミノ酸です。単純にグルタミンの生理活性に関する文献を漁《あさ》ってみると、あるわあるわ……筋肉タンパクの合成および分解抑制、運動におけるエネルギー供給効果、消化管の機能維持・修復促進作用、免疫系の機能改善、抗酸化剤としての作用、抗炎症作用、肝機能の補助などなど。

どうにも難しい表現が並びましたが、特に嬉しい効果としては、小腸の唯一のエネルギー源となるということです。逆にいえば、小腸はグルタミンのみをエネルギーとして活動しているのです。

第一章を読み返してみてください。朝三分の効率的な代謝アップの項にも出てきたあのグルタミンなのです。

そもそも小腸とは栄養素吸収の入り口でもあります。その小腸を元気にするためには、グルタミンが不可欠。そして、グルタミンは胃の粘膜を守る働きもあります。市販の胃腸薬のなかにもグルタミンを配合してあるものがたくさんありますし、病院で処方される胃腸薬にもグルタミンが使われていることが多いです。

つまり、グルタミンは食品でありながら医薬品としても使われているアミノ酸、ということです。

さらにグルタミンの効能をいえば、免疫力が挙げられます。これも裏返していえば、免疫力が下がっているときは体内のグルタミンが足りなくなっている、ということなのです。

ただしグルタミンは、体内にあるアミノ酸の約六〇%を占めています。しかも体内でつくることもできます。たくさんあって、自分でつくれる、そう考えると、あまり大切なアミノ酸ではないような錯覚《さっかく》に陥りますが、実はその正反対なのです。

そもそも必要だからこそ、たくさんある。そして、いざというときのためにも、自分でつくる能力を持っておきたい。だからこそ、体内で合成しているのです。工業製品でも、本当に大切な部品は、外注せずに自社で製作するのと同じです。

ですから**人体では、絶好調のときはグルタミンがたっぷり体内にあり、少し調子を崩しているときは生産が追いつかなくなっている、ということ。不調のときには起床時と就寝前に五グラム程度を目安に飲むと、いつもグルタミンが充満した状態で過ごすことができます。**

私が減量やダイエットを指導する際には、ほぼ確実に、このグルタミンの摂取を勧めています。減量時には、基本的に摂取カロリーが少なくなり、各種栄養素も不足しがちです。一方で、運動強度は従来よりも高めていきますから、当然、体は悲鳴をあげることになります。

少なくとも身体が参ってしまわないように、グルタミンがたっぷりの状態をつくり、免疫力を下げないようにするのです。

グルタミンはサプリメントショップなどで購入できますが、実はショップ内での人気はトップではありません。しかし、そのお役立ち度からすれば、私は断トツの一位にしてもいいと思っているくらいです。

❖必須アミノ酸こそ無駄のない食品

「必須アミノ酸」とは、その名の通り、基本のキとなるアミノ酸のことです。

人の体を形成しているのは（材料となっているのは）たった二〇種類のアミノ酸。その二〇種類のアミノ酸のつながる順番や長さが違うだけで、髪の毛にもなれば筋肉にもなるのです。

この、たった二〇種類をさらに絞り込むと、九種類のアミノ酸に行き着き、これらは体内で合成できません。特に大切なアミノ酸であるため、これを必須アミノ酸と呼んでいます。一般的にサプリメントでアミノ酸と呼ぶ場合は、この必須アミノ酸を指します。

これらは、体すべての材料ということですから、筋肉はもとより、毛髪、血管、血液、骨、内臓など、体の大本の材料というわけです。体が疲れたとき、エクササイズをしたときなど、栄養補給をする際には、まず、この必須アミノ酸が第一候補となります。

そんな必須アミノ酸には、面白い特徴が二つあります。

一つ目は、九種類全部揃《そろ》わないと効果を発揮してくれないという特徴です。八種類までは揃ったのだけれど、あと一つ必須アミノ酸が足りないという状態では、理論上、八種類のアミノ酸の効果もゼロということになります。

現実には、食事で何かしらのタンパク質を摂っていますから、体内には必須アミノ酸が滞留していて、一〇〇％効果なしということにはなりません。しかし、八種類のアミノ酸だけではタンパク質を合成できないという事実は、理論上正しいのです。

ただ、サプリメントを商品化する際に、九種類必要なものをわざわざ八種類しか配合しないということはない、そう考えるのが普通だと思いますが、現実には、八種類しか配合されていない必須アミノ酸サプリメントが存在します。

また、配合自体は九種類以上とされているものの、必須アミノ酸が足りないといったサプリメントが、当たり前のように存在しています。特に海外製品には注意が必要かもしれません。

こうしたケースでは、まず「トリプトファン」という必須アミノ酸の配合の有無を確かめておくといいでしょう。ただし、トリプトファンを単独で大量摂取することには疑問点も残ることから、単品でのトリプトファンのサプリメントは、実際には市場では、あまりお目にかかりません。

そしてもう一つ、必須アミノ酸には次のような特徴があります。それは、九種類それぞれに使われるべき比率がある、ということ。たとえばAという必須アミノ酸が一に対してBという必須アミノ酸は二、Cの必須アミノ酸は一・五といった具合に、九種類それぞれにバランスが必要です。もしもAという必須アミノ酸が一あって、Bという必須アミノ酸が三あっても、Bという必須アミノ酸は二までしか利用されない、そういうことです。

たとえば小麦や米にもタンパク質が含まれています。しかし、小麦や米のタンパク質の場合は、必須アミノ酸が十分に揃っていません。特にリジンという必須アミノ酸が不足しています。するとこの場合、リジンの現在量のところまでしか、他の必須アミノ酸も利用されないのです。

したがって、必須アミノ酸だからといって、むやみやたらにたくさん摂取すればいいというわけではないのです。この比率はWHO（世界保健機関）などの世界的な研究機関が発表しています。

ずいぶん説明が長くなりましたが、いずれにしろ**必須アミノ酸は、体をつくるうえでの最小単位。九種類全部配合されているということと、その比率が理想的であるという条件が整っていれば、最も無駄のない効率的な栄養素になります。**

実はどんなに栄養価の高い食べ物でも、無駄のない食べ物は存在しません。卵でも赤身の肉でも、確実に無駄な部分は存在しています。ですから、栄養価の塊《かたまり》のようなプロテインにも、実は細かく分析すれば、無駄になっているアミノ酸はあるのです。

九種類のアミノ酸を揃え、理論的に完璧といわれる比率で配合されたサプリメントこそが、そうした意味においては唯一、無駄のない食品といえるかもしれません。

これを摂取するタイミングは、起床時、食間、トレーニング直後、就寝前あたりで。摂取量は、目安として一回に四グラム程度です。

後述するクワバラ式体重管理メソッドとは、この必須アミノ酸を夜に活用して、上手なダイエットを行うものです。

❖プロテインは減量やダイエットに

「プロテイン」は誤解の多いサプリメントの筆頭かもしれません。

プロテインを飲めば当たり前のように筋肉がつくと思っている人がいます。この誤解はまだ健全なのですが、逆にプロテインを飲むと身長の伸びが止まるとか、ひどい場合は内臓が悪くなるなどと信じている人もいます。

それに加えて、「まずい」の代名詞にもなっているようです。

そもそもプロテインとはタンパク質のこと。一般的にタンパク質とは、肉、魚、豆などから摂取しますが、一般食材の場合、ほぼイコールで、タンパク質には脂質が伴っています。健康食材の代表のような豆腐や納豆ですら脂質は無視できません。

ですから、減量中のボディビルダーは、枝豆すら食べるのを控えることがあります。脂質が含まれているからです。

このように体の材料となるタンパク質を摂る場合、ほぼセットで脂質も摂ってしまっているのです。

そこで登場するのがプロテインです。正確にはプロテインサプリメント、もしくはプロテインパウダーです。

プロテインは主に、牛乳、卵、大豆などを原料とし、そこから限りなく脂質を取り除いて粉末のパウダーにしたもの。通常は、さらにビタミンやミネラルといった微量栄養素を配合しています。

現在、最も人気がある原料は乳清と呼ばれるもので、「ホエイプロテイン」という名称で販売されています。その人気の理由は、吸収が速いことと、構成しているアミノ酸の組成が優れている、などの点が挙げられます。さらに、味にも癖が少ないため、おいしく飲めるのも支持されている理由でしょう。

ホエイプロテインに続くのが、「大豆プロテイン」です。

もともと大豆プロテインは、国内で販売されているプロテインのすべてといってもいいほどのシェアを持っていました。しかし当時の大豆プロテインは、とにかく溶けにくく、また独特な大豆臭があったため、「プロテイン＝まずい」の原因となったのかもしれません。

しかしいまは、大豆プロテインも、原料メーカーの技術向上によっておいしくなりましたし、溶け具合も画期的に向上しています。

一方で吸収スピードが遅いのですが、これは言い換えれば、腹持ちがいいともいえますので、ダイエット中の人には、むしろ歓迎されています。

また、脂肪を分解したりコレステロール値を下げたりという、大豆独自の効用もあるため、女性にも人気がありますが、アミノ酸組成という点においては若干ホエイプロテインに劣ります。

原料は何であれ、プロテインほど高タンパクで低脂質の食品はお目にかかれません。というわけで、筋肉をつけたい人はもとより、減量やダイエットを目指す人にとっても、プロテインは、なくてはならないアイテムになっています。

後述のクワバラ式体重管理メソッドでもプロテインは大活躍しますが、もしもプロテインを使わずに同様のことを行うとすると、鶏ささ身やマグロの赤身などを大量に食べることになります。こうした手軽さだけではなく、効果の面でも必須アイテムなのです。

先述したよくある誤解についてですが、プロテインを飲むと身長の伸びが止まるということはありません。それどころか事実はまったく逆です。

というのも、骨はコラーゲン線維と呼ばれるタンパク質にリンやカルシウムが張り付いて構成されています。ですから、タンパク質が足りなければ身長も伸びないのです。

育ちざかりのときに十分なタンパク質を摂取するという点においては、食事にプラスしてプロテインを飲むほうが、身長の伸びる確率がアップすることになります。

ただ、一つだけ注意しなくてはならないのは、プロテインを朝食代わりにしないということです。しっかりと朝食を食べたあとのご褒美《ほうび》くらいの感覚で飲むようにしてほしいものです。

❖筋肉で代謝されるＢＣＡＡとは

「ＢＣＡＡ」とは、筋肉の主原料となるアミノ酸のことです。日本語で「分岐鎖《ぶんきさ》アミノ酸」といいます。

これは、バリン、ロイシン、イソロイシンという三つのアミノ酸を総称して呼ぶもので、三点セットのアミノ酸ということになります。そして、先述の必須アミノ酸九種のうち三つのアミノ酸が、このＢＣＡＡです。

必須アミノ酸は九つが揃って初めて体の材料となりますが、ＢＣＡＡという三つのアミノ酸も、この三つが揃うことで、さらに別の効果を発揮します。

一つ目。筋肉の主原料ということもあり、三つ揃うと筋肉自体の修復が早くなります。久しぶりに運動をしたりすると、翌日は筋肉痛に悩まされますが、これは運動という負荷によって筋肉が破壊されて、その修復過程において起きる症状。この修復の際にＢＣＡＡがあると、スムースに回復が進むのです。久しぶりのゴルフや登山などの場合、このＢＣＡＡを摂取しながら行うといいでしょう。

二つ目は、筋肉のエネルギー源となることです。

体内のエネルギー源といえば、なんといってもグリコーゲン。このグリコーゲンは、糖質（炭水化物）が分解されてブドウ糖となり、それが再度体内で合成されてできるエネルギーの主役です。通常は肝臓と筋肉に貯蔵されていて、必要に応じて使われます。

そして、もう一つのエネルギー源は脂肪。脂肪はボディメイクをする人にとっては目の敵《かたき》にされますが、これがあるからこそ、私たち人間は何百万年も生き延びてこられた。いわゆるエネルギーの貯蔵庫です。現在の私たちは、幸か不幸か飽食の時代に生まれたために、この脂肪が蓄えられ過ぎてしまい、やれメタボだ、やれ肥満だのと心配する事態に陥ったのです。

いずれにしても、私たち人間のエネルギー源は、主としてこのグリコーゲンと脂肪です。通常はどちらも上手にバランスをとって使われていますが、普段はグリコーゲンがメインに使われて、長時間の運動などの場合、脂肪がメインに使われるようになります。

脂肪は無尽蔵《むじんぞう》といってもいいほどのエネルギー貯蔵庫ですから、この二つのエネルギー源の橋渡しがうまくいけば、スタミナがつき、いろいろな運動や活動が可能となります。

ところが実際は、橋渡しがうまくいかないケースが起こります。特に運動時には、グリコーゲンが枯渇《こかつ》してしまい、しかし脂肪の燃焼が間に合わないという状態が起こります。

自転車競技で「ハンガーノック」という言葉が使われますが、このハンガーノックは、まさにこの状態。体内には脂肪というエネルギー源がたくさんあるのに、実際にはエネルギーが足りなくなり、ダウンしてしまうのです。

こうした状態のときに、体内のＢＣＡＡは、筋肉のエネルギーとして活用されます。アミノ酸なので本来はエネルギーにはなりにくい物質ですが、このときだけは筋肉のエネルギー源として使われるというわけです。

もう一つ、ＢＣＡＡには特徴があります。それは、集中力の維持——。

そもそも集中力とは何か？　脳が「休め」という指令を出すときに集中力が途切れますが、では脳は、何をきっかけに「休め」の指令を出すのでしょうか？

体内では、様々なアミノ酸がバランスをとりながら対流しています。そのなかでBCAAは、前述のトリプトファンとバランスをとっています。

ここで体を動かせば動かすだけ、筋肉の材料となるBCAAは消費されていきます。すると相対的にトリプトファンが増えた状態になる。そして、このトリプトファンが脳内ではセロトニンというリラックス物質の材料となるので、こうした流れの結果、BCAAが減ると脳が「休め」の指令を出す、ということになるのです。

逆にいえば、血中のBCAA濃度が高い状態であれば集中力が維持される、ということになります。

BCAAは特異的に肝臓を使わずに筋肉で代謝されるアミノ酸。ですから、飲み過ぎの心配をせずに使えるアミノ酸でもあります。

以上の理由から、BCAAは運動中に飲むといいでしょう。たとえば運動の直前に飲んで、途中のインターバルを利用して追加的に飲む、というイメージです。

血中のBCAA濃度を維持するというのがポイントなのですが、あまり少量では効き目がありません。BCAAに関しては、少し多めに飲むようにしましょう。

一例ではありますが、ある女子プロゴルファーは、一ラウンドを回る際、ざっと二〇グラムくらい飲んでいました。ゴルフは瞬間の運動強度は低いのですが、一ラウンドで五時間はかかる競技です。したがって、合計では二〇グラムという計算になります。
また、ランニングや登山などにも活用しやすいサプリメントです。

❖アルギニンで血流アップ

「アルギニン」は、これも体を形成する二〇種類のアミノ酸の一つですが、必須アミノ酸ではありません。つまり、必要に応じ、体内で足りない分をつくることができるアミノ酸です。

ところがアミノ酸は、タンパク質を構成している最小単位であると同時に、アミノ酸個々が、何かしらの効果を発揮する場合があります。前述のグルタミンなどはその典型で、ＢＣＡＡも三つのアミノ酸がまとまると、特別な効果を発揮します。

そうした点においては、アルギニンは単独で多くの効果が期待されるアミノ酸です。**アルギニンの効果をいくつか挙げてみましょう。成長ホルモンの分泌促進、筋肉の増強、体脂肪率低減、コラーゲンの合成、性的機能改善、アンモニア除去など、かなりのマルチプレイヤーといえます。**

そのなかでも最近、特に注目されている効果があります。それは、「ＮＯ産生の促進」という聞きなれない効果です。

「NO」とは一酸化窒素のこと。なんだか排気ガスのような印象を与えるかもしれませんが、実は私たちの体内では、血管から一酸化窒素がつくられているのです。そして、その一酸化窒素は血管を弛緩《しかん》させ、拡張し、血流をアップしてくれるのです。

血管というのは血液の通り道。そして血液は、酸素や各種栄養素の運び屋です。ですから血管が拡張するということは、私たちの日常生活にたとえるならば、砂利《じゃり》の一本道が舗装され、きれいな二車線の道路に変わるようなものです。つまり、より多くの栄養素がスムースに運ばれるようになるのです。

薬ではありませんが、今後、心血管疾患などの予防策として、このNO産生は注目を集めていくでしょう。

そして、このNOが何からつくられるのかというと、実はアルギニンが基材となっています。体内でつくられる非必須アミノ酸ということで、重要度が低いような印象を与えてしまうのですが、グルタミン同様にこのアルギニンも、ボディメイクや健康に非常に役立つアミノ酸だといえます。

❖アルギニンを増やす物質は

「シトルリン」もアミノ酸の一種です。体をつくっているアミノ酸は全部で二〇種類しかありませんが、分子構造上のアミノ酸の定義があり、その定義に則《のっと》った場合、アミノ酸は約五〇〇種類ほどあります。このシトルリンも、体をつくる成分ではありませんが、定義上は紛《まぎ》れもなくアミノ酸です。

このシトルリンは、体内に入るとアルギニンに変わっていきます。少し難しい表現をするならば、アルギニンの前駆体となるアミノ酸です。つまり、アルギニン同様、NOを産生させるアミノ酸だということです。

面白い実験があります。アルギニンを摂取した人と、シトルリンを摂取した人を比較した場合、ある時間を過ぎると、シトルリンを摂取した人のほうが血中のアルギニン濃度が高かったというのです。

アルギニンはNOの基材となるアミノ酸ですが、小腸から吸収される際、そこで大量に消費されてしまうという、少し残念な特徴があります。その結果、アルギニンそのものよりも、小腸での吸収時にロスが少ないシトルリンのほうが、体内のアルギニンを増やす効果があるのです。

いずれにしても、**アルギニンとシトルリンを合わせたNO系のアミノ酸は、心血管疾患の予防に大きな期待が寄せられています。日常生活では、血流の促進効果が疲労回復などにつながるでしょう。**

❖疲労感を軽減するクエン酸

「クエン酸」はレモン果汁や梅干しの酸っぱい成分で、多くの清涼飲料水に、清涼感を出すために添加されています。

そして、運動との関係でも注目をされている栄養素の一つです。

運動をするということはエネルギーを消費するということです。そしてエネルギーを消費すると、その燃えカスとして乳酸という物質がつくり出されます。

実は、乳酸自体は悪者ではなく、やがてゆっくりとエネルギーとして再利用されるのですが、すぐには使われず、いったん筋肉のなかに溜まります。その結果、運動中などには筋肉が酸性に傾いて運動のパフォーマンスが落ちますし、いわゆる疲労を感じやすくなります。

口から入った食べ物は、様々な酵素の影響を受けて様々な物質に変わっていき、最終的にエネルギーとなって消費されていくのですが、クエン酸はエネルギーを代謝する際の中心的な役割を果たすのです。

クエン酸の効用とは、その摂取によって、筋肉中に溜まってきたエネルギーの燃えカスである乳酸を代謝されやすい状態にすること。それによって、筋肉の疲労感の除去のみならず、精神的な疲労感の軽減までが確認されています。

運動の際に飲むドリンクの一つとしてクエン酸を選ぶと、より運動強度を上げることが可能となりますし、同じ強度の運動であれば、疲労感をより少なくすることが期待できます。

また、グリコーゲンという最も効率のいいエネルギーを体内に蓄えるためにも、クエン酸は役立ちます。そしてその際にクエン酸と相性がいいのが糖質。少しマニアックな飲み方に聞こえるかもしれませんが、トレーニングの前半は糖質系のスポーツドリンクで、中盤以降はクエン酸系のドリンクで、という使い分けも効果的です。

いずれにしても、クエン酸、覚えておいて損はない成分です。

❖エネルギーを生み出すヘム鉄

アスリートたちのコンディションを整えたり、パフォーマンスを上げようとする際に、手っ取り早く効果を出してくれる栄養素があります。それが「ヘム鉄」です。

鉄には肉や魚などの動物性の食品に多い「ヘム鉄」と、植物性の食品に含まれる「非ヘム鉄」が存在します。どちらも鉄なのですが、一番の違いは吸収率です。非ヘム鉄は非常に吸収率が低く、二〜五％であるうえに、吸収された鉄が胃や腸を荒らしてしまうという欠点があります。

その欠点を見事《みごと》に補っているのがヘム鉄。吸収率は一〇〜二〇％と高く、その構造上の理由によって、胃や腸への悪影響もあまりありません。加えて、小腸粘膜細胞にある酵素が吸収量を調整してくれるので、過剰摂取の心配もないのです。

ところが巷《ちまた》にたくさんある鉄という名のサプリメントのほとんどは、非ヘム鉄なのです（無機鉄、クエン酸鉄、ピロリン酸鉄など）。また、貧血でお医者さんにかかった際に処方される鉄の製剤も、おおかた非ヘム鉄でしょう。

どうしてヘム鉄が使われないのか？　推測ではありますが、一つはヘム鉄の値段がとても高いということ。そして、独特の匂いがあって扱いにくいという点もあるでしょう。

ちなみにお医者さんで処方される非ヘム鉄ですが、当然その吸収率が悪いことも想定されているので、逆算して相当量配合されています。そうすると胃や腸への負担が大きくなるので、胃腸薬もセットで処方されるケースが多いという、少し矛盾《むじゅん》した状況にもなっています。

ヘム鉄の効果としては、まず貧血対策が挙げられます。アスリートの場合は、一般の人よりも大量に酸素を使うので、健康ではあっても貧血気味という人が、とても多いのです。

また、競技特性みたいなものもあります。マラソン、バレーボール、剣道、この三つには貧血の人が多く、自転車、バスケットボール、柔道、この三つには意外に少ないのです。

上記のスポーツは、それぞれ対応するように非常に似た運動なのですが、前者の三つの共通点は、足の裏で地面を強く踏む（叩く）ということです。するとその際、足の裏で赤血球が壊されてしまうのです。

もちろん、一方で赤血球はつくられていきますから、バランスは保たれます。しかし、壊すスピードのほうが勝ってしまうと、やがて赤血球が足りない状態になり、それが貧血を招くのです。

マラソンランナーがタイムを縮めるために減量を行い、さらに練習量を増やしていく時期がありますが、これはもっとも貧血に気をつけなくてはならない状態でもあります。アスリートでなくても、減量やダイエットをする人や、市民ランナーとして日頃からランニングをする人は、健康であっても貧血には十分な注意を払うべきでしょう。

——その際に覚えておくといいのが、そう、ヘム鉄なのです。

私たちの体内では鉄の約七〇％が赤血球のなかでヘモグロビンとして存在しています。そして二五％程度が肝臓に貯えられています（これを貯蔵鉄といいます）。残りの数パーセントは筋肉のなかでミオグロビンという状態になって存在しています。

貧血というのは、赤血球内にあるヘモグロビンが少なくなり、控え用の貯蔵鉄がどんどん減っていく状態。早期に気がつけば、すぐに回復するのですが、日常生活のなかで徐々に減っていくため、意外に気づくのが遅くなります。ちなみに立ちくらみのような症状は、一時的な脳の酸欠状態ですから、貧血とはまったく別物です。

ではなぜ、ヘム鉄がアスリートのパフォーマンス向上に即効性を持つのか？　貧血防止以外にも理由があります。ヘム鉄は、エネルギーをつくり出す最終工場内で、その土台としての役割を果たしているからなのです。

小難しい説明は省略しますが、食物は最終的に体内でエネルギーになっていきます。途中、エネルギーを生み出すための場所が何ヵ所かあるのですが、圧倒的にたくさんのエネルギーを生み出す場所、それを「電子伝達系」と呼んでいます。

その電子伝達系のなかで、ヘム鉄が土台として使われています。そして、**ヘム鉄は酸素の運搬という役目と同時に、エネルギーをたくさん生み出すことに寄与しているのです。**

これこそが、ヘム鉄がアスリートたちの体感レベルを高めていた最大の理由です。

ちなみにヘム鉄と相性のいい素材は、女性なら誰もが知っているコエンザイムＱ10（ＣｏＱ10）というもの。ＣｏＱ10は美容のイメージが強いかもしれませんが、ヘム鉄と同様に、電子伝達系のなかでエネルギーをつくり出す着火剤のような役割を担っています。

ランニングや登山など、長時間の運動をする人は、ぜひヘム鉄やＣｏＱ10の存在を覚えておきましょう。

❖糖質を脂肪にしないHCA

さて、先述した「HCA」は、あまり聞きなれない成分です。ただ、「ガルシニア」といえば、そこそこ知名度もあるのではないでしょうか。

HCAはガルシニア・カンボジアという果物の皮に含まれる成分で、正式にはハイドロキシクエン酸といいます。

よく前述のクエン酸と混同している人がいますが、分子構造が似ているために名称が似ているだけで、実際はまったくの別物です。

ところが分子構造が似ているために、実は体内でもHCAをクエン酸と勘違《かんちが》いすることがあり、それが原因で、HCAはダイエットをする人にはとてもありがたい効果をもたらしてくれます。

まず、食べ過ぎた糖質を脂肪に変えず、極力グリコーゲンとして蓄えてくれるという効果です。**通常は口から入るときは糖質であっても、必要以上の糖質は体内で脂肪として蓄えられてしまいます。ところがHCAは、摂りすぎた糖質を、脂肪としてではなく、グリコーゲンという直接のエネルギー源として蓄えてくれるのです。**

もう一つの効果は、これも先述したエネルギーの生産工場とも呼ばれるミトコンドリア内のTCA回路（クエン酸回路）という場所で、脂肪の燃焼を促進してくれることです。

体脂肪は分解されて脂肪酸になります。分解された脂肪酸は、「マロニルCoA」「アセチルCoA」などという物質に変化しながら、やがてTCA回路という場所に取り込まれていきます。

このTCA回路がグルグルとしっかり回れば、どんどん脂肪が燃えてエネルギーに変わるという嬉しい状態になります。マラソンなど持久系競技の選手は、このTCA回路がよく回っているのです。

ところが、やがてTCA回路が回りにくくなっていきます。つまり燃焼の限界がやってくるわけです。その限界は次のようにして起こります。

いろいろな物質に形を変えてTCA回路に入ってきた脂肪酸ですが、TCA回路のなかでは、クエン酸を中心に、「オキサロ酢酸《さくさん》」「フマール酸」「リンゴ酸」など、いろいろな酸に変わっています。そして、その中心的な存在がクエン酸です。

しかし、どんどん脂肪酸がTCA回路に入ってくると、やがてクエン酸が処理しきれなくなり、飽和状態となって、TCA回路から溢《あふ》れ出てしまいます。溢れ出たクエン酸は、ある酵素の力によって先ほどの逆のパターンをたどり、脂肪へと戻っていってしまいます。これが脂肪燃焼の一つの限界です。

ところがHCAが体内にあると、クエン酸を脂肪に戻す酵素が効かなくなってしまうのです。そうなると、溢れ出たクエン酸は行き場がないので、一部はグリコーゲンへと戻され、エネルギーとして蓄えられ、残りはさらに燃え続けるようになります。

ハイドロキシクエン酸をクエン酸だと勘違いしていた人をあながち笑えませんね。身体のなかでも同様の勘違いが起きて、その結果、脂肪がさらに燃える効果を引き出してくれているのです。

❖脂肪を燃焼するカフェイン

「カフェイン」は、もしかすると私たちに最も身近なサプリメントかもしれません。コーヒーや緑茶に含まれていますが、それ以外に、コーラなどの炭酸飲料にも含まれています。

しかし、意外にも知られていませんが、二〇〇四年以前には、一定量がドーピングの対象になっていました。そうした理由から、アスリートは敬遠しがちな物質でもありました。

一般の食品以外にも、総合感冒薬などに配合されていることが多く、その多くは鎮痛《ちんつう》効果を狙っています。これまでは、こうした鎮痛効果や覚醒《かくせい》効果を期待してカフェインを摂取するケースが多かったように思いますが、最近では、その燃焼効果にも注目が集まっています。

どういうメカニズムになっているのでしょうか？

カフェインを摂取すると、神経の調整を行う受容体に結合するので、神経伝達物質が活性化します。簡単にいえば、ヤル気満々になる物質が自由奔放《ほんぽう》に脳内を行き来しやすくなる。その結果、ヤル気の神経でもある交感神経が興奮し、ノルアドレナリンというホルモンが放出されます。

そのノルアドレナリンが脂肪細胞を刺激し、脂肪が脂肪酸へと変換され、血液を介して燃焼の場であるTCA回路に送られ、燃焼されるのです。

カフェインは、常識の範囲であれば、摂り続けてもほとんど耐性を形成しません。ですから、血管拡張、交感神経昂揚《こうよう》、脂肪燃焼、運動能力向上も引き続き維持することができます。

また、依存性についてはは多少の作用が見られますが、タバコや覚醒剤《かくせいざい》のような強いものではなく、たとえば一〇〇ミリグラムレベルでは、カフェイン中毒のような依存症の心配はありません。

安全性についても高く、過剰摂取による死亡事故はほとんど見られません。ちなみに、成人で一度に五〜一〇グラム摂取すると急性中毒死の危険性があると考えられています。ただ、この量はコーヒーにして約一〇〇杯分に相当しますから、あまり現実的とはいえないでしょう。

より軽い副作用は、「不眠→不穏・興奮→嘔吐《おうと》→筋肉の緊張」などの順で生じると考えられています。しかし、体内への蓄積の心配がほとんどないので、継続的に摂取しても、慢性的な毒性は見られません。

ただ唯一、妊婦については注意が必要です。カフェインが胎盤《たいばん》を通して胎児に送られた場合、胎児にはカフェインを代謝する能力が備わっていないことから、奇形発生のリスクを高める可能性があります。

また、蓄積の心配がないという反面、一六〜二〇時間程度でカフェインの大半は体内から消失することになるため、持続効果についてはある程度の限界があります。

このカフェインと相性のいい素材は、先述のＨＣＡです。この二つの組み合わせで、脂肪が効率よく分解され、燃焼されるのです。

このあと紹介するクワバラ式体重管理メソッドでも、カフェインとＨＣＡは登場してきますので、お楽しみに！

このようにカフェインは、効果があって心配する必要のない物質ではあるのですが、一つだけ注意点があります。それは、次のようなことです。

最近流行《はや》りのエナジードリンクには、大量のカフェインが含まれています。もちろん、カフェインの量を理解したうえで飲む分には問題はありませんが、うっかりするとカフェインドリンクであることを忘れ、あたかも普通の清涼飲料水のように飲み続ける可能性があります。

最近は、カフェインの配合量もどんどんエスカレートしてきており、一本で軽くコーヒー数杯分のドリンクもあります。エナジードリンクという名称で勘違いしたりせず、カフェインドリンクなのだと理解して利用するようにしてください。

身近だけど奥深い、そして少し注意が必要……そんな物質です。

❖最大の力を引き出すクレアチン

「クレアチン」は、あまり聞きなれない名称かもしれません。これも一言でいえば、アミノ酸の一種です。

「一種」というのは、身体を構成している二〇種類のアミノ酸ではなく、分子構造上アミノ酸に分類されているという意味。では、このクレアチンは、どのような効果があるのでしょうか。

クレアチンの効果とは、ずばり瞬発力です。正確にいえば、マックスのパワーをより多く繰り返すことができるようになるのです。

一九九二年のバルセロナオリンピック。当時三二歳だったリンフォード・クリスティ選手

(イギリス)が、このクレアチンを使うことによって、一〇〇メートル走で金メダルを獲りました。そのことで一気にメジャーになった物質です。

しかし、日本ではまだ食品として扱われていなかったため、欧米だけで流行するにとどまっていました。

これは、通常、私たちの体内の肝臓でもつくられるアミノ酸で、思いっきり力を出したあとに、そのエネルギーをまた元の状態に戻す役割をしています。

少し専門的な説明をしますと、マックスのエネルギーが溜まった状態をATP(アデノシン3リン酸)といいます。そこでエネルギーを発散すると、少し弱ったエネルギーのADP(アデノシン2リン酸)という形に変化します。

クレアチンは、体内でリン(P)とくっついて、このエネルギーが減っている状態のADPを素早くATPに戻す役割を担っています。したがって、体内にクレアチンがたくさんある人は、より多くマックスのパワーを発揮できるというわけです。

クレアチンは、他のサプリメントと違い、少々飲み方が専門的になります。

まず、最初に一週間ほど、大量にクレアチンを飲む期間を設けます。この期間をローディング期間と呼んでいます。ローディング期間中は一日に約二〇グラムのクレアチンを摂取。一度に摂取しても吸収しきれないので、五グラムを四回に分けて飲むようにします。たとえば、毎食後とトレーニング後といった具合です。

ローディングがうまくいくと、体内のクレアチン量が約一〇%ほど増えるといわれています。この増えたクレアチン量を減らさずに維持する方法が、メンテナンス期間。今度は一日一回、二〜五グラムをどこかのタイミングで飲むようにするのです。

少し専門性の高いサプリメントなので、万人向けではないかもしれませんが、トレーニングをしっかりとやる人は体感もしやすく、一度試してみる価値のあるサプリメントです。

❖関節や肌の修復にはコラーゲン

「グルコサミン」は某CMで有名になったかもしれません。でも、グルコサミンとは何か聞かれて、スパッと答えられる人は少ないかもしれません。

「グルコースの一部の水酸基がアミノ基に置換されたアミノ糖」……これでは、ますます分からなくなります。

グルコサミンは、簡単にいえば、体内でグルタミンのようなアミノ酸とブドウ糖が反応してできる物質。糖とアミノ酸の合体なので、アミノ糖といわれています。そしてそれが、関節の軟骨の大本の材料となるのです。

ヒアルロン酸やコンドロイチンという名前も聞いたことがあるかもしれませんが、これらもグルコサミンからつくられます。

子供の頃はグルコサミンをつくる能力が高いので、関節はいつもみずみずしいゴムのようです。ところが加齢とともにこのグルコサミンをつくる能力に陰りが見えはじめ、やがて水の抜けたカサカサのスポンジのようになってしまいます。これが主に関節痛の原因なのですが、加齢以外にも、アスリートのように関節を酷使《こくし》する状態が続く人は、年齢にかかわらず、同様の状態になってしまいます。

その場合、グルコサミンを直接サプリメントとして摂取すると、関節の修復能力がアップします。

サプリメントの場合、グルコサミンは通常、カニやエビといった甲殻類《こうかくるい》の殻《から》から抽出していますので、もしも甲殻アレルギーのある人は気をつけてください（パッケージに記載されています）。

いずれにしても、**関節修復の主役といってもいいのがグルコサミンです。摂取の有効推奨量も多くの文献から明確になってきており、一日に一五〇〇ミリグラムを目安にするといいでしょう。**

そして最近では、「N‐アセチルグルコサミン」という進化系のグルコサミンもあります。体内ではグルコサミンがN‐アセチルグルコサミンへと代謝されるので、より効率がいい物質といえます。有効推奨量もグルコサミンの三分の一の、一日五〇〇ミリグラムとされています。

グルコサミンと連動して関節に効果があるのが、コラーゲン、コンドロイチン、そしてヒアルロン酸などです。

このなかでもコラーゲンに関しては、グルコサミンからつくられないことと、関節の成分中でスポンジ部分の材料ではなく、スポンジを支える格子《こうし》部分の材料となることから、併《あわ》せて摂取するといいでしょう。コラーゲンは、一日三〇〇〇ミリグラムが有効推奨量とされています。

このコラーゲンは、一言でいえばタンパク質なのですが、タンパク質を構成しているアミノ酸のバランスが至って悪いタンパク質です。そう聞くとあまりいい栄養素ではないように聞こえるかもしれませんが、肌や関節など、特別な箇所に必要とされるタンパク質です。

ですから、筋肉づくりという観点からはあまり役に立たず、関節や肌などの修復や維持といった目的で摂取することになります。

コラーゲンに関しては、最終的には分解されてアミノ酸の状態で吸収されるため、摂取する意味がないといわれることもあります。しかし、通常サプリメントに配合されているコラーゲンは、「コラーゲンペプチド」といい、タンパク質よりもアミノ酸に近い状態のもので、最終的には個々のアミノ酸にまで分解されず、大きな分子量のペプチドとして吸収されているといわれています。

またコラーゲンには、単なる材料となる役割以外に、肌や関節の合成を助ける役割もあります。美容などのイメージから少々行き過ぎた宣伝も見受けられますが、グルコサミンとのセットで関節の修復には役立つ素材といえるでしょう。

❖三%の脱水で運動能力が低下

私たちの体の六〇%は水分からできています。太った痩せたと大騒ぎしていても、実はその大半は、水分が多めか少なめかの違いだったりします。

ですから、サウナに入って痩せたと喜んでいても、その減った体重はすべて汗で抜けた水分……翌日には確実に戻っているはずです。

この現象を巧みに使うケースもあります。たとえばボクシングのように細かく体重で階級分けしている競技の場合、体内の水分を調整し、最後の体重調整を行ったりします。

昔は当日の計量だったのですが、健康上の問題などに配慮して、いまは前日の計量となったため、逆によりハードに水抜きをして計量をクリアするといった、皮肉な結果を招いています。つまり、実際に計量をパスした体重よりも、間違いなく数キログラムは重い体重で、当日の試合に臨んでいるのです。

いずれにしても、体重に占める水分の割合は、それくらい大きいということです。

人は、いわば水のタンクを背負っているようなものかもしれません。ところがそのタンクには無数の穴が空いていて、常時、穴から水分が漏《も》れています。仮にスポーツや運動をしないケースでも、一日に二・五リットルほどの水分は消費されているのです。

そして**水分の補給を怠り、三％程度脱水した状態になるだけで、間違いなく運動のパフォーマンスは低下します。さらにそれ以上水分が抜けてしまうと、今度は熱中症や脱水症など、健康上の障害が現れてきます。**

スポーツドリンクは、日常的に私たちの周りに存在しますから、サプリメントというのには少し抵抗感があるかもしれません。しかし、水分補給の重要性を考慮すると、スポーツドリンクもサプリメントであるというくらいの認識を持って、意識的な水分補給を心がけなければなりません。

スポーツドリンクを運動中に飲む場合、一つ知っておいてもらいたいのが、浸透圧です。

スポーツドリンクには、糖質やミネラル（電解質）が含まれています。それ自体はとても有効なのですが、その濃度が高くなればなるほど浸透圧が上がります。そして、浸透圧の高いドリンクは胃に溜まりやすくなるため、運動中には不向きです。ちなみに、体液と同等の浸透圧のものを「アイソトニック」と呼び、体液よりも低い浸透圧のものを「ハイポトニック」といいます。

アイソトニックのドリンクをハイポトニックにするのは簡単で、水で薄めればいいのです。私が以前に開発した「CCDドリンク」というハイポトニックスポーツドリンクがありますが、これはハイポトニックなのに高エネルギーという、従来はなかなか両立できなかった二つの要素を両立させたもの。アスリートたちの運動中のドリンクとして広く愛用されています。

❖GI値が低い食品を選ぶと

GI値――これはサプリメントではありませんが、糖質（炭水化物）を選ぶときの一つの知恵として覚えておいてください。

「GI」とは「グリセミック指数」の略語で、ボディビルダーなどが減量時にどのような炭水化物を食べたらいいか、その一つの指標になるものです。

GI値とは、簡単にいえば、炭水化物が糖に変わるスピードを比較したものです。炭水化物が糖に変わることで血糖値が上がりますから、GI値が高いものは太りやすく、GI値が低いものは太りにくいといった感覚になります。

これで大雑把《おおざっぱ》な感覚としては間違いはありませんが、正確にはもう少し補足が必要です。GI値とは、絶対的な数値ではなく、ブドウ糖を基準としたときの相対的な数値です。ある炭水化物を五〇グラム摂取した際に、その血糖値の上昇度合いをブドウ糖の場合と比較した数値。つまり、ブドウ糖がその基準となり、GI値一〇〇となるのです。

ここで、甘いものはGI値が高いという印象を受けますが、砂糖はイメージよりも意外に低く、六〇半ばです。砂糖はブドウ糖と果糖の組み合わせでブドウ糖は一〇〇なのですが、果糖はGI値が三〇程度と低いため、結果として砂糖は、その甘さの印象よりもGI値が低くなるわけです。

またGI値は、血糖値が上昇していくときの曲線内の面積が基準となるので、すぐに血糖値が上がってもすぐに下がる場合は意外に低く、ゆっくりと長く上がり続ける場合などは高くなったりします。

これは、あくまでも炭水化物を五〇グラム摂取した際の数値なのですが、食品そのものを五〇グラム摂取したケースと混同して捉えているケースも見かけますから、その点も注意が必要です。

以前、GIダイエットが流行ったときは、この混同が多く、たとえばチョコレートケーキはGI値が低いから食べても太らない、肉類もGI値が低いから食べても太らないなどと、不思議な情報が蔓延《まんえん》しました。

ＧＩ値それ自体が炭水化物を基準に考えている数値なので、本来はチョコレートケーキでも肉類でも、そこに含まれている炭水化物五〇グラムで考えなくてはならないのです。

当然、脂質が持つカロリーは一グラムに九キロカロリーもあり、いかにＧＩ値が低くても、食べても太らないという発想は危険です。

また、仮にＧＩ値が低くても、トータルの摂取量が多く、カロリー過多になれば、当然、体重は増えていきますし、場合によっては脂肪も増えます。

しかし、ＧＩ値の指標自体は役に立つことは間違いありません。特に摂取する炭水化物を選ぶ際には参考にすべきでしょう。

減量やダイエット時の炭水化物として、白米（八一）よりは玄米（五五）ですし、うどん（八五）であれば蕎麦（五四）を選ぶほうがいいでしょう。

いも類でいえば、じゃがいもは九〇とＧＩ値が高く、一方でさつまいもは五五と低めです。そしてさらに大切なのは、どういった組み合わせで食事をするか、という点です。

空腹時の比較であればＧＩ値は一つの目安として成り立ちますが、一緒に食べる食材によって条件は変わってきます。

たとえば食物繊維は栄養分の吸収を緩やかにするという特徴がありますから、仮にＧＩ値が高めの食材であったとしても、最初に野菜など食物繊維を摂ることで、血糖値の上昇は緩やかになります。

逆にＧＩ値が低いからといって、脂質の高い食材を選ぶのは禁物《きんもつ》です。

また、食べる時間帯の影響も無視できません。一般的に、朝の炭水化物は太りにくく、夜の炭水化物は太りやすいといわれていますが、これには明確な根拠があります。

朝は、これからエネルギーを使いはじめるため、蓄積よりも消費に傾きますが、夜の場合は、この逆に働きます。

人体には、体内時計に関わるタンパク質「ＢＭＡＬ１（ビーマルワン）」という物質があります。これは、二五時間の体内時計を二四時間に調整するうえで大切な役割を担うタンパク質ですが、同時に、脂肪を蓄える機能も持っています。

このＢＭＡＬ１は、日中は低く、夜の二時をピークに高くなります。陽に当たると減るという特徴もあり、いわゆる夜型の物質なのです。

ＧＩ値が低くても、ＢＭＡＬ１が体内に豊富な状況では体脂肪は増えるでしょうし、少々ＧＩ値が高くても、ＢＭＡＬ１が少なく活動的な日中の摂取であれば、それが脂肪に変わる可能性は低くなります。

このあたりの情報をまとめて総合的に考えると、毎回の食事で食物繊維を意識し、炭水化物はＧＩ値が低めのものを選び、夕食に関してはタンパク質以外のボリュームを絞り、早い時間帯に終わらせるべき、ということになります。

次頁から私がお勧めする「体重管理サプリメント」をご紹介したあと、いよいよ次章では、一ヵ月で変身する具体的な方法を伝授していきます。

特徴	製造元
ヨーグルト風味。	江崎グリコ
グルタミンに乳酸菌を配合。	江崎グリコ
本格派向けのグルタミン。	ゴールドジムプロダクツ
レモンスカッシュ風味。	江崎グリコ
9種類の必須アミノ酸にビタミンB群を配合。	江崎グリコ
BCAAを中心とする９種類の必須アミノ酸を配合。	味の素
グレープフルーツ風味。	江崎グリコ
BCAAにアルギニン、シトルリンを配合。	江崎グリコ
BCAAにグルタミン、アルギニンを配合。	味の素
ペットボトル500mlにBCAA4000mg配合。	大塚製薬
１袋に90粒。１粒に220mgのシトルリンが配合。	協和発酵バイオ
クレアチンにベタインを配合。	江崎グリコ
ばつぐんのおいしさ。	江崎グリコ
純度94.2%の究極の高タンパク・低脂質の食品。	江崎グリコ
純度75%のプロテインの定番。	明治
補食に最適なプロテイン。	江崎グリコ
トレーニング直後に最適なプロテイン。	江崎グリコ
糖質入りのプロテイン。	森永製菓
1本にクエン酸5000mg、BCAA4000mgを配合。	江崎グリコ
ヘム鉄、CoQ10、アスタキサンチンを配合。	江崎グリコ
還元型のコエンザイムQ10を使用。	カネカ
HCAとカフェインを配合。	江崎グリコ
HCA、カフェイン、ジンジャーを配合。	江崎グリコ
カルニチンにCLAを配合。	森永製菓
グルコサミン、コラーゲン、コンドロイチン、エラスチン、免疫ミルクを配合。	江崎グリコ
非変性Ⅱ型コラーゲンにMSM、ユニベスティンを配合。	ゴールドジムプロダクツ
アスリートの定番サプリメント。	江崎グリコ
発酵黒ニンニク、マムシ粉末、肝臓エキスを配合。	江崎グリコ
ブラックマカにテストフェンを配合。	ゴールドジムプロダクツ
高エネルギーなのに低浸透圧なドリンク。	江崎グリコ

桑原弘樹が推奨する「体重管理サプリメント」

商品名	希望小売価格（税別）	内容量
おいしいアミノ酸　グルタミンスティックパウダー	¥1,600	5.4g×10本
プロスペック　グルタミンパウダー	¥3,300	200g
グルタミンパウダー	¥3,800	300g
おいしいアミノ酸　必須アミノ酸スティックパウダー	¥1,800	4.7g×10本
プロスペック　アミノパウダー	¥4,500	150g
アミノバイタルGOLD	（オープン価格）	4.7g×14本
おいしいアミノ酸　BCAAスティックパウダー	¥1,800	4.4g×10本
プロスペック　BCAAパウダー	¥5,500	170g
アミノバイタルPRO	（オープン価格）	4.5g×14本
アミノバリュー4000	¥171	1本
シトルリン	¥2,000	1袋
プロスペック　クレアチンパウダー	¥3,300	300g
MAXLOADホエイプロテイン　ストロベリー味	¥4,400	1kg
ホエイプロテイン	¥6,400	1.0kg
ホエイプロテイン100	¥5,550	1.05kg
ミールリプレイスメント　プロテイン	¥4,500	1.0kg
ゴールデンタイム　プロテイン	¥4,000	1.0kg
ウエイトアップビッグ	¥4,200	1.2kg
クエン酸&BCAA	¥2,000	12.4g×10袋
エキストラ　オキシアップ	¥3,600	標準120粒
還元型コエンザイムQ10エナジースティック	¥1,111	1.3g×10本
エキストラ　バーナー	¥3,600	標準180粒
ワンセコンドHCA	¥218	1袋
カルニチン&CLA	¥3,500	120粒
ジョイントプラス	¥5,000	450g
アルティメットフレキシジョイントUC-Ⅱ	¥4,500	180粒
エキストラ　アミノ　アシッド	¥3,600	標準200粒
エキストラ　サバイブ	¥3,600	標準150粒
アルティメットリカバリー	¥6,000	300粒
CCDドリンク	¥120	1袋

ヤル気が出てくるエクササイズ名言④

「神様が最後まで迷った贈り物」

人間の体のうち、筋肉は、神様が最後まで迷ってから人間に与えた贈り物です。

氷河期を乗り越えてきた人類は、飢餓《きが》という最大の難敵に対抗するための機能を身に付けました。

その一つが脂肪——つまり大量のエネルギーを体内に蓄えるという機能です。

では筋肉は？　現代では大切な機能ではありますが、飢餓の時代においては、過剰な筋肉はエネルギーの無駄遣いとなるため、ありがたい存在ではありませんでした。

実際、二〇一三年に八〇歳でエベレスト登頂に成功した三浦雄一郎《みうらゆういちろう》氏に高度六五〇〇メートル地点のキャンプまで同行した大城和恵《おおしろかずえ》医師は、「高所では筋肉はむしろ重荷になる」といっています。

こうした理由でも筋肉は、簡単にはつかないようにできているのです。しかしまた、歳《とし》を重ねても最後の最後まで成長してくれるのも筋肉……なぜ？　きっと神様が、飽食の時代がやってきたときのために、筋肉に隠れた機能を付加しておいてくれたのでしょう。

——飽食の現代は、上手なエクササイズが必要な時代なのです。

この章のポイント

①「グルタミン」サプリメントで絶好調に！
②「プロテイン」は減量にもダイエットにも効く。
③「アルギニン」で体脂肪低減を！
④糖質を脂肪にしない「ＨＣＡ」を摂る。

第五章　クワバラ式体重管理メソッド

❖クワバラ式――七つの特徴

一ヵ月であなたも変わる！　――世の中には様々なダイエット法があります。海外でヒットしているものもありますし、セレブたちが実践しているものもあります。しかし、短期間で痩せるということだけを追求した結果、見た目も美しくなくなり、場合によっては精神的にも病んでしまう、そんな結果も多々見受けられます。

そういった様々なダイエット法の欠点をカバーしつつ、アスリートたちの知恵を最大限に活用したダイエット法、それがクワバラ式体重管理メソッドです。

ここで、クワバラ式体重管理メソッドの七つの特徴を簡単にまとめてみます。

①一ヵ月（四週間）で結果を出す。
②お金の面でも気持ちの面でも負担が少ない。
③誰でもできる。
④リバウンドしない。
⑤専門的なトレーニングを必要としない。
⑥難しい調理をしなくてもいい。

⑦脂肪を落として筋肉を守る。

では、詳しく紹介していきましょう。

❖ダイエット期間を四つに分割

まず最初に、ダイエット期間を四つに分けます。とりあえずは、一週間×四で、四週間としましょう。

第一段階を「準備期間」と呼びます。簡単にいえば慣らしの期間です。

第二段階は「スタート期間」。いよいよボディメイクをスタートさせる一週間となります。

そして第三段階は、「加速期間」と呼びます。ここは本気の一週間です。

最後の一週間が第四段階で、「フルスロットル期間」。多くのダイエットでは、最後の段階はリバウンド防止に充《あ》てますが、クワバラ式体重管理メソッドはリバウンドの心配がないので、最後の一週間でもっとも「本気状態」になります。

このすべての期間でベースとなるのが、逆ピラミッド式食事法。おさらいを兼ねてもう一度説明すると、通常、「朝→昼→晩」と増えていく食事のボリュームを逆にするようなイメージ。朝はなるべくたくさん食べて、昼はぼちぼち、そして夜は控えるといった具合にします。

朝に何を食べればいいのか、あるいは夜は……これらについては前にも少し触れましたが、このあと詳しく紹介します。

そして、利用するサプリメント。**まず確実に使いたいのが「グルタミン」「必須アミノ酸」「プロテイン」の三つです。この三つを使わないと、ボディメイクに大きな差が生まれます。**

加えて、**できれば使いたいのが、「カフェイン」「HCA（ガルシニア）」「クエン酸」「BCAA（分岐鎖アミノ酸）」です。この四つはトレーニングという要素を入れる人には、ぜひ使ってもらいたいアイテムです。**

すべての段階で共通して行うのは、起床時と就寝前にグルタミンをそれぞれ五グラム飲むこと。これだけは四週間変わることなく続けていきます。

では、まず第一段階から説明していきましょう。

❖第一段階は逆ピラミッド食事法を

第一段階の過ごし方。この一週間は、ボディメイクに慣れるための期間です。何に慣れるのかといえば、そう、逆ピラミッド食事法です。食の細い朝にたくさん食べて、食べたい晩は控える……この食生活に慣れてください。

繰り返しになりますが、朝はたくさん食べてください。本来は何でもいいのですが、とりあえず食べやすいものを挙げてみましょう。

ベーグル、イングリッシュマフィン、フランスパン、白米、玄米、バナナ、旬の果物、ヨーグルト（できれば無脂肪）、野菜ジュース……そうです、脂質を少し控えるようにして、あとは細かいバランスは気にせず、基本的にお腹いっぱい食べてください。

もしも朝食を和食にできたら最高なのですが、無理にしなくても大丈夫です。基本的には、たくさん食べること、脂質を抑えること、この二点だけが重要になります。

そして**大切なのは、朝食後にプロテインを飲むこと。女性なら二〇グラム、男性なら三〇グラムくらいを目安にして、水でシェイクして飲みます。水では嫌だという人は、低脂肪乳、オレンジジュースなどでも構いません。**

シェーカーを使うととても便利です。プレーン味、ミルク味、チョコレート味あたりのプロテインの場合、インスタントコーヒーを少し混ぜてシェイクすると、コクが出ておいしくなります（ちょっとした裏技です）。

次に昼ご飯ですが、これは、あまり変えなくて結構です。

働いている人の場合、昼休みはたいがい一時間程度。勤務先によっては「昼食難民」になる人もいるくらいですから、手近なメニューで食べてください。

また、お弁当を作るのは大正解なのですが、ただでさえ忙しい朝の時間に、朝食以外に昼食の準備までするのは相当な労力が要ります。そこで昼食は極端な変更はせず、普通に食べてください（もちろん食べ過ぎには気をつけて）。

そして、もしも少しだけ意識を高めるならば、脂質を控えるようにしてください。これは最後の一週間のための練習です。

たとえば、マグロ丼とカツ丼だったら、マグロ丼を選ぶ。回転寿司だったら、マグロ、タコ、エビ、イカなど。天ぷら蕎麦《そば》を食べるなら、少しだけ天ぷらの衣をはずす。そうした工夫があると、理想に近づいていきます。

そして、最後に夕食。ヤル気マンマンで晩をぐっと控えたいという人がいるかもしれませんが、この一週間は慣らしなので、さほど控えないでおきましょう。

ただし、早い時間に食べ終えるという習慣を身につけます。正確には、早い時間に食べ終わるというよりも、就寝の際に空腹状態をつくるようにするのです。

理想的には、就寝時から遡《さかのぼ》ること三時間前までには夕食を終わらせるということになるのですが、これは実際には、かなりハードルが高いもの。したがって、二時間前までに、というルールにしておくのが現実的です。

また、この四週間は全般的にお酒はＮＧにしたいのですが、最初の一週間だけは控えめならＯＫと、少しルールを緩めておきます。しかしいずれにしても、就寝の二時間前になったら、カロリーのあるものは一切ＮＧとします。

そして、どうしてもお腹がすいたら、カロリーゼロのものを飲むなり食べるなりしてください。ゼロカロリードリンクでもいいですし、「マンナンライフ蒟蒻《こんにゃく》畑ライト」もカロリーはぐっと控え目です。

最近はスーパーなどで炭酸水が人気です。軽いレモン風味のものがあったり、バリエーションも豊富。こうした炭酸水は夜の口さみしいときの飲み物として効果的です。

もともと朝はあまり食べない、そして夜はガッツリが、現代人の食生活です。この食生活を逆転させるための慣らしの一週間。真逆に近いことをやるので、意識を高く持つ必要がありますが、高度な技術や知識を要する内容ではありません。自分に課した小さな宿題だと思って、ぜひ実行してみてください。

❖週二回の晩だけプチ断食で

第二段階で、いよいよキックオフ。つまり、クワバラ式体重管理メソッドの本格始動です。

第一段階をクリアした人は、既に少し体重が減っているかもしれませんが、これからグングン変化していきますから、テンションを上げて頑張りましょう。この段階は基本的に、第一段階の逆ピラミッド食事法をより強化した一週間ということになります。

では、どこが強化されるのか？　夕食をぐっと絞り込むのです。

ただ、それは一週間のうち二日間だけ。それともう一つ、運動の要素を加えていきます。

まず朝食ですが、これは第一段階と同じです。たくさん食べて、プロテインも飲むこと。ここを控えめにしてしまうと、そのあと何かと支障をきたすようになります。日中ぼーっとしたり、気怠《けだる》さが抜けなかったり、体が弛緩《しかん》したり、何もいいことがありません。

そして昼食。これも第一段階と同じです。もしも少し意識を高められそうならば、さらに脂質をカットするようにしてみてください。

とはいっても、専用のお弁当をつくる必要はありません。自身が選べる範囲内のチョイスでOKです。たとえばコンビニで何かを買うのなら、オニギリ、サラダ、ちくわ、バナナ、チーカマなど、脂質の低いものを選んで食べるようにしましょう。

その後にプロテインが飲めたら最高ですが、難しい場合は必須アミノ酸のサプリメントを利用するといいでしょう。その場合、昼食前に四グラムほど飲むようにします。これができたら言うことなしです。

そしていよいよ夕食。週に二日だけ、思いっきり控える日をつくります。ただ、その二日が連続しないようにします。たとえば月曜日と木曜日、あるいは火曜日と金曜日というようにする。まるでゴミ出しの日のようですね。

そして肝心《かんじん》なのは、その控え方。世間でよくいわれる「プチ断食」といった感じの控え方になります。ここではコンビニを例にとって紹介しましょう。

オニギリ一個、サラダ、プロテイン二〇～三〇グラム――以上です。

もしも、どうしてもプロテインが苦手だという人は、昼食同様、必須アミノ酸を食事の前に、四グラムを目安に飲むようにします。

細かい指摘をすれば、最初にサラダを食べて、その後にオニギリ、そして最後にプロテインとなります。ノンオイルのツナ缶を加えても構いません。

この**ぐっと控えた夕食を、連続しない状態で、週に二日取り入れてみてください。**

また、お酒が好きな人には残念ですが、この一週間は、お酒はすべてガマンするようにします。そしてもう一つ、運動の要素を入れるのです。もちろんジムに通うなどできればいいのですが、それができなくても構いません。

運動習慣のない人は、そのぐっと控えた晩の日だけ、運動を取り入れてください。負荷の強い運動をする必要はありません。たとえばウォーキングやジョギング、ゴルフが趣味の人

はゴルフクラブの素振りでもいいでしょう。

雨などで外に出られないときは、自宅でスクワットや腕立て伏せ、あるいは腹筋などをやってもいいでしょう。しっかりとしたストレッチでもOKです。

こうして夕食をぐっと控えると、時間に、かなり余裕ができます。いままで食べることに費やしていた時間を、運動に充ててみてください。

そして可能であれば、最初に運動をして、その後に食事をします。

さらに運動の前に、カフェインとHCA（ガルシニア）のサプリメントを摂ると理想的です。

そもそも運動をするとお腹がすくと思われがちですが、実は運動直後は食欲が抑制されます。運動をすると胃や腸から食欲を抑えるホルモンが分泌《ぶんぴつ》されるため、一時的に食欲がなくなるのです。

ですから、腹ペコ状態でジムに行ったのに、ジムから出てくるときには満腹感があった、などということがあります。ということは、焼き肉食べ放題に臨むために、直前にジムに行くなどということは、まったく逆効果になってしまうのです。

週二回の「晩だけプチ断食」と軽い運動――この負荷の追加が第二段階の特徴です。

第二段階までの二週間で、一般的には、体重が一〜二キロ程度落ちるケースが多いです。

もしもぐっと控えた晩の翌日がつらいようであれば、朝食のボリュームを増やしてみてください。

❖第三週は夕食をすべてプチ断食に

さて三週間目の第三段階。クワバラ式体重管理メソッドの本気モードの週に突入です。仮に初めの二週間で変化がなかった人も、この週では大きく変化が起こります。まさに加速する週ですから、少し気を引き締めて頑張りましょう。

まず朝食。これは、第一段階および第二段階とほぼ同じです。ただし、さらに少し本気モードの人は、朝食のアイテムにオートミールを入れるようにします。

オートミールとはオーツ麦のことで、日本語では燕麦《えんばく》といいます。アメリカでは定番に近い食べ物ですが、最近は健康食材としても大注目されています。とにかく食物繊維が豊富なので、腹持ちがよく、便通が改善されます。

特にダイエットや減量中の朝にオートミールを食べると、昼まで空腹感で悩まされることがなくなります。加えて、ダイエット中の隠れた悩みが便秘ですが、こちらにも効果を発揮してくれるのです。

欧米で流行している、「アトキンスダイエット」や「デュカンダイエット」では、隠れた悩みとして便秘と口臭（体臭）が挙げられます。多かれ少なかれ、ダイエット中は便秘対策にも気を配りたいものです。

さて、このオートミールに関しては、別に凝った食べ方をする必要はありませんが、たとえばチョコ味のプロテインを振りかけて水を少々入れ、電子レンジで一分ほど加熱すれば、美味しく簡単にでき上がります。また、水の代わりに豆乳を使うのもお勧めです。

これだけではボリューム的に足りませんから、たとえばバナナ、ヨーグルト（無脂肪）、野菜ジュースなどをプラスして食べるようにします。

そうしていつもの通り、最後にはプロテインをシェイクして飲む。ぜひオートミールの存在を覚えておいてください。

加えて、相変わらず、朝食はたっぷりを心がけましょう。

そして昼食、これも第二段階と同じです。脂質を控えめにする程度で、あとは通常のものを食べるようにします。コンビニを利用するときは、サラダ、オニギリ、ノンオイルのツナ缶、これにプロテインを加えてもＯＫです。

さあ、いよいよ夕食です。これが第三段階の一番の強化ポイントです。

第三段階では、**夕食はすべてプチ断食。しかも、さらに一回の食事内容が絞られます。具体的には、サラダ（ドレッシングを使う場合はノンオイル）とプロテインのみ、といった内**

容。会社の帰りにコンビニに立ち寄ってサラダだけを購入して帰ってくる、そんな感じになります。

でも、どうしてもお腹が空いたときには、第一段階の夜を思い出して、ゼロカロリーのドリンクや食べ物で頑張りましょう。

そうして、簡素な食事で浮いた時間を、運動に回すのです。ジムに行っている人は運動を追加してもいいですし、そうでない人は浮いた時間で軽い運動を行い、体に負荷を与えるようにしましょう。

このときウォーキングやジョギングなら三〇分程度。自重《じじゅう》でのスクワット、腕立て伏せ、腹筋などでも構いません。ゴルフクラブの素振りやテニスラケットの素振りでもいいでしょう。あるいは、童心に返って縄跳びもいいかもしれません。とにかく毎晩三〇分だけ、運動をするようにします。

そして第二段階同様、カフェインとＨＣＡ（ガルシニア）を運動前に摂りましょう。運動をすれば消化管ホルモンの影響で満腹中枢が刺激を受け、空腹に悩まされなくなります。

翌朝は、オートミールを中心に、たくさん食べてもＯＫ。そんなに深刻に考えないでください。

❖リバウンドの心配のない第四週は

第四段階。さて、いよいよ最終段階へ突入です。

この計画は、四週間という期間を想定しているので、一ヵ月という単位とは若干のずれが生じますが、そこはあまり神経質になる必要はありません。

ただ**他のダイエット法と違う点は、最後にいちばんアクセルを踏むこと。理由は、リバウンドの心配がないので、最後の最後で追い込みをかけられるからです。**

第四段階のいちばんの特徴は、終日、脂質をカットすることです。

脂質とは旨《うま》みでもありますので、それをカットした食生活は、味気《あじけ》ないものになります。ボディビルダーをはじめ、多くの減量を伴うアスリートたちは、この食欲という本能に近いものを制することに、大きなエネルギーを注ぎます。特に脂質をカットした食生活に入ると、極端な言い方をすれば、生活から旨みという要素が除外されるような錯覚《さっかく》に陥ってしまいます。

だからこそ、クワバラ式体重管理メソッドでは、一日中脂質をカットするのは、最後の一週間だけに限定しているのです。

脂質は一グラムで九キロカロリーと、たくさんのエネルギーを持っていますから、カロリーを抑えるという点において脂質を抑えるのは、理に適《かな》っています。しかし、理屈を超えた本能に近い旨みという要素を無視すると、結局はストレスが溜まり、結果としてボディメイクが長続きしないことになります。

実は、この第四段階まで来ると、波はあっても体重は確実に減ってきていますし、お腹も凹《へこ》んできます。本人のみならず他人からも、絞れてきたことを指摘されるようになったりします。

この見た目の変化はとても大切なことで、その変化があるからこそ、旨みという要素をガマンすることができるようになるのです。

いずれにしても、**最後の総仕上げのために一週間だけ脂質カットを実行します。**

朝食はこれまで通り、たくさん食べるようにします。ただし、朝食も脂質は極力カット。第一段階では菓子パンなどもOKですが、このステージではNGです。ベーグル、イングリッシュマフィン、フランスパン、白米、玄米、オートミール、バナナ、リンゴ、ブドウ、かぼちゃ、さつまいもなどを摂ります。

フランスパンなどはトッピングなどがない場合、至って低脂質なのです。基本的には、小麦、塩、イースト、水でつくっているパン。オートミールには脂質は含まれますが、少量のうえに、植物由来の不飽和脂肪酸なので、OKとします。

炭水化物系は脂質が低いものがほとんどなので、あまり心配せずにどんどん食べるようにしましょう。

ただ、おかずに該当するタンパク質の部分は、注意をすべきです。脂質も含まれていますので、卵であれば白身の部分や、ノンオイルのツナ缶、鶏のささ身、鶏ムネ肉（皮をとったもの）、牛ヒレ肉などを選ばなくてはなりません。

朝は時間がないときでもありますから、ここはプロテインをしっかりと飲むようにして、おかず系の代替としましょう。空腹が心配であれば、第三段階同様に、朝食にオートミールを取り入れるといいでしょう。

オートミールに味付きプロテインを振りかけて水を入れて、電子レンジでチン。そこに、バナナ、そして他のフルーツをもう一品加え、無脂肪ヨーグルト、野菜ジュース、さらに追加でプロテインを飲むといった感じです。

続いて昼食ですが、ここも頑張って脂質カットです。

お弁当をつくれたら理想的なのですが、無理はせず、コンビニを利用するのもいいでしょう。オニギリ二個、野菜ジュース、サラダ、ノンオイルツナ缶、プロテインといった具合です。

先述したＭＲＰというサプリメントがあります。「ミールリプレイスメントパウダー」の略ですが、見た目はプロテインと同じに見えます。しかし、**MRPはプロテインのようにタンパク質だけではなく、他の栄養素をバランスよく配合したもの。ダイエット時には大いに効果を発揮してくれます。**

もしも昼にMRPを使うのであれば、それに加えてバナナとサラダを食べる、あるいはオニギリ一個と野菜ジュースなどと一緒に食べるのでもOKです。

MRPだけでという選択肢もありますが、これから迎える夜のプチ断食を想定すると、昼食はもう少しエネルギー源を補給しておいたほうがいいでしょう。

余談ですが、鶏のささ身を美味しく食べるコツがあります。まず、タッパーにキウイの皮かパイナップルと一緒にささ身を入れて、一晩寝かせるのです。これらにはタンパク質分解酵素が含まれているので、パサパサしやすいささ身が、とてもジューシーで柔らかくなります。

他にも、味噌やヨーグルト漬けが効果的です。味噌やヨーグルトの場合は、その味も染み込むので、さらに美味しさが増してきます。

鶏のささ身は値段も安いうえ、脂質がほぼゼロですから、美味しく食べられれば最高のダイエット素材となります。

さらに、焼いたあとの調味料を工夫すれば、さらに美味しくなります。醤油、塩、こしょう、クレイジーソルト、カレー粉、ポン酢、レモンなど、ぜひ調味料を利用して、味気ない食事をグルメメニューに変身させてください。

余談の余談ですが、プロテインを飲む際にも、シェーカーに水と、インスタントコーヒーを一さじ入れるだけで、コクが生まれます。

❖最後のハードルはプチ断食

そしていよいよ夕食。この一週間は、いわゆる食事という定義ではなく、最低限の栄養補給としての位置づけとなります。

この最後のハードルとなるプチ断食。サラダはコンビニの通常サイズ、ドレッシングを使う場合はノンオイルとします。そして、必須アミノ酸を四〜八グラムを目安に水などで飲みます。夕食は、たったのこれだけ……。

少し応用を加えるならば、青汁《あおじる》と必須アミノ酸を混ぜて、水でシェイクして飲むといいでしょう。

青汁は野菜の栄養素を凝縮しており、かつ食物繊維も豊富なので、ダイエットには強い味方になるアイテムです。まずいという印象が強いかと思いますが、実際はそうでもありません。

ただし、この青汁に必須アミノ酸を混ぜて飲むと、これまた本当にまずい味に変身してくれます。「まずいとダメじゃないか」と思うかもしれませんが、実はダイエット中の「まずい」は、大きな武器にもなるのです。

味という情報は、生まれながらに人間のDNAに埋め込まれており、たとえば「甘味＝エネルギー源」「苦味＝毒」「塩味＝ミネラル」「酸味＝腐敗」という感じです。

赤ちゃんに酸っぱいものを与えると、すぐに吐き出します。これは酸味イコール腐ったものと判断するからなのです。私たち大人は苦いものや酸っぱいものを好んで食べたりしますが、これは後の経験から学習したうえで食べているということになります。

ですから、まずいという情報は脳への強烈なメッセージであり、すなわちそれは、いま自分はダイエット中なのだ、最終段階の一週間なのだというメッセージにもなるのです。

最後の一週間ですから、あえてまずいというメッセージを脳に伝えてやるのも、継続するうえでは一つの要素。そして第三段階同様に、食事で浮いた時間を運動に充てるようにします。

ジムに行っている人は、そのまま通常通りとして、普段は運動の経験のない人も、頑張って運動の要素を取り入れましょう。

もしも運動してから夕食まで（とはいっても必須アミノ酸とサラダだけですが）時間が空

く場合は、プロテイン二〇グラム程度を水でシェイクして飲むといいでしょう。

運動の要素は、人によって内容がずいぶん違うと思いますので、もう少しパターン別に触れておきましょう。

まず、ガッツリとジムに通ってトレーニングをしている人の場合。これは第一段階から、ぜひ従来通りに継続してください。

ただし、回数は週に三回以上を目指すと効果があがりやすくなります。

また、ウエイトトレーニングを中心にやっている人の場合、その後に二〇分程度の有酸素運動を取り入れるようにしてください。ウエイトトレーニングと有酸素運動の順番は、先にウエイトトレーニングです。

第二段階に入ったら、ウエイトトレーニングをする日もしない日も、プチ断食の二日間だけは、必ず有酸素運動を取り入れるようにします。

そして第三段階、第四段階には、必ず毎晩、有酸素運動をします。

次に、普段は運動をしていない人の場合。前述の通り、第二段階から有酸素運動を取り入れるようにしていきます。

決してハードな運動をする必要はありません。走るというよりも、速歩きを目指してください。それでもきつい場合は、ゴルフクラブの素振りでも縄跳びでも構いません。とにかく身体を動かす二〇分をつくるようにしましょう。

運動をした場合、少しだけご褒美《ほうび》があります。

それは、運動中にBCAAというアミノ酸とクエン酸、運動後にはプロテインを飲めるのです。これらのサプリメントを取り入れることで、ぐっと元気が出て、単なる体重減ではなく、本当に引き締まった体をゲットできるのです。

ヤル気が出てくるエクササイズ名言⑤

「一〇〇一回と一〇〇〇回では天と地の隔たり」

この名言を残したのは、若くして亡くなられたボディービルダーのマッスル北村《きたむら》さんです。

その前の一〇〇〇回は、この一回のためのお膳立《ぜんだ》てにすぎない——。

通常エクササイズをするときには、何回こなすかを考えてやります。しかし、ともすると回数をこなすことが目的となってしまい、本来の、体に刺激を与えるという目的がどこかに隠れてしまいがちです。

仮に同じ回数をこなすにしても、一回一回にどれだけ集中しているのか、それが重要なのです。

そして、予定の回数をこなしたら、「あともう一回」の精神——。

誰にも褒《ほ》められず、誰にも叱《しか》られない……それがエクササイズですから、まさに自分との約束であり、自分との戦いです。

プラス一回ができるか否《いな》か、これは自分への挑戦ですね！

この章のポイント

①ダイエット期間を四つに分割し、第一段階は「逆ピラミッド食事法」を実践。
②第二段階では、週二回の「晩だけプチ断食」を。
③第三段階では、夕食はすべて「プチ断食」。
④最終段階では、終日、脂質をカット！

第六章　睡眠とホルモンを使って体重管理と若返り

❖若返りは意外に簡単だ！

私たちは毎年誕生日を祝い、そして一つずつ年齢を重ねていきます。何歳まで生きるのかは人それぞれなのに、一律に年齢を区切って数えます。

ただ、社会人の最初の頃までは、それでも違和感はありませんが、三〇歳を過ぎるあたりから、ぼちぼち個人差が大きくなっていきます。すっかりオジサンに見える人もいれば、まだまだ十分若者で通用する人もいるのです。

先述の通り、私たちの体には、各部位ごとにピーク年齢なるものがあります。たとえば髪の毛のピーク年齢は一〇歳くらいだといわれています。それまではキューティクルがすぐに再生されて、シャンプーだけでいつも艶々《つやつや》な髪質ですが、やがてトリートメントが必要になります。

また、お肌は二〇歳前後がピーク。「お肌の曲がり角」などというフレーズもありますが、二〇歳ころからSODという酵素が減りはじめてきて、それが原因でお肌の再生能力もグンと落ちます。

プロ野球の選手、とりわけ打者が引退をする際に、体力の限界という言葉を口にします。この場合の体力とは、ずばり動体視力。動いているモノを見る能力は三〇代半ばあたりから急激に落ちていくといわれています。それを体力の限界と表現しているのでしょう。

こんな話を聞いていると、なんだか虚《むな》しくなるかもしれませんが、ガッカリするのはまだ早いのです。逆に、ピーク年齢がずっと先にあるものもあるからです。

ひとつは関節——。

たしかに関節は、加齢とともに痛みを感じたりギクシャクしたりしてきます。若い頃でも、過度に酷使すれば、同様の症状が現れてきます。

しかし、関節の成分となる栄養素を適宜《てきぎ》補給してやることで、修復が行われる部位でもあります。ただ指をくわえて衰えていくのを見守る部位ではありません。

前述のグルコサミンやコラーゲンの項目を参考に若返りを体感してみてください。

❖メンテナンス次第で成長する脳

次に、脳も、メンテナンスの仕方によって、どんどん成長をしてくれる部位です。正確には衰えにくい部位といったほうがいいかもしれません。

たしかに、記憶力のような機能は年齢とともに衰える側面がありますが、逆に洞察力であるとか、判断力であるとか、過去の経験からの知見が生きるものは、使えば使うだけ発達してくれます。

まだ解明されていない部分が大きいので、もしかしたらもっと大きな可能性を持っているのかもしれません。

かつては、天才と呼ばれる人でも、脳の数パーセントしか使っていないといわれていました。最近の研究では、使われていないと考えられていた部分も実は役割を持っていたことが判明し、ますます脳の可能性が広がっています。

いずれにしても、脳にももっとたくさんの刺激を与えてやりましょう。

パソコンやスマホが当たり前になって、漢字が思い出せなくなったりすることがありますが、これなど使わないために退化している最たる例かもしれません。

若返りのためにも、どんどん考えることにしましょう。

❖若返りの最強の切り札は筋肉

そして、若返りのための最強の切り札――それが筋肉です。

筋肉は簡単につくものだと信じている人もいますが、そもそも筋肉というのは、最低限あればそれ以上は増えないようにできています。

人間が過去数百万年という長い時間を生き抜いてこられたのは、脂肪というエネルギーの貯蔵庫を持ち、一方でエネルギーの無駄遣いをする筋肉を最低限にとどめていられたからなのです。

人類の歴史は飢餓《きが》の歴史でもあります。つまり、飢餓に強い機能を兼ね備えていたからこそ、人類はここまで進化することができたのです。

しかし、飢えの時代への対応策として脂肪を溜めこむというのは理解しやすいのですが、筋肉はそれほど悪者なの？　と思う人がいるかと思います。

たしかに開墾《かいこん》や狩猟などのことを考えると、人類が筋肉なしに生き延びることはできなかったでしょう。ただそれは、最低限の筋肉があればこと足りるものであって、必要以上の筋肉は、エネルギーを大量消費するという観点から、とても不利だったのです。

つまり私たち人間の体は、飢餓には強く飽食には滅法《めっぽう》弱いようにできているのです。

そのため筋肉は、何もしなければ、三〇歳あたりから衰え始めます。それがどんどん悪いほうに加速していくと、やがて、サルコペニアと呼ばれるような、筋肉が日常生活に支障をきたすまでの萎《な》え方を示すようになるのです。

そもそもＤＮＡには、筋肉がつきにくいような情報が埋め込まれているうえ、歳とともに加速するなんて、一体どうしたらいいのか悩みますよね？　でも、心配はご無用です。

たしかに**私たちの筋肉は、何もしなければ、自然と衰えていくのですが、神様は一つだけ、非常事態を想定した情報を設計図に残しておいてくれました——それが、筋肉は年齢に**

かかわらず進化するという情報です。

体は負荷に対する適応の繰り返しで進化し、成長します。この負荷をしっかりと与えることによって、筋肉はどんどん成長を続けます。

❖三九歳ではじめ五三歳でピークに

私は二九歳のときに血液の重い病気にかかり、生死を彷徨《さまよ》ったことがあります。約半年のあいだ、無菌室というビニールに囲まれた特別室で治療を受けました。免疫抑制剤や放射線治療も、当時の年齢のマックス値まで投与あるいは投射されたと聞いています。

副作用で髪の毛はすべて抜け落ち、嘔吐《おうと》やめまいをはじめ、数え切れない副作用で苦しみました。一度は幻覚症状が深刻になり、もう一人の自分が舞い降りてきて、しかも彼が暴れだすという、何とも怖い経験をしました。それが幻覚であると頭では分かっているのですが、目では本当に見えているのです。

二九歳で発病、いったん三〇歳の誕生日には退院したものの再び無菌室戻りという、情けないありさま……絶望感の塊《かたまり》みたいな状態でした。

このとき私をいちばん落ち込ませたのは、なんといっても自身の肉体です。何ヵ月ものあいだベッドの上だけで過ごした体には筋肉の欠片《かけら》も見当たらず、実際、トイレに行っても用を足す間、立っていることすらできないのです。

そんな情けない三〇歳から再スタートし、三九歳のときにサプリメントの事業を社内で立ち上げるとともに、本気で自身の肉体改造に取り組みました。世間では立派な中年の域に達していましたが、それから一四年、五三歳になった私は、過去の自分史のなかで最もたくさんの筋肉をまとっているという自信があります。

そうです、筋肉は、私たちが考えている以上に、高齢になってからも成長してくれるのです。

実際、**八〇代の人が筋肥大したというデータもあるくらいですから、若さの最強の切り札は筋肉であることを、ぜひ覚えておいてください。**

その筋肉を増やしたり、疲労を回復させたりして若返るためには、体内のある物質を増やしていく必要があります。その物質について、またその増やし方について、これから紹介していきます。

❖睡眠＝成長ホルモン

まずは成長ホルモンです。

成長ホルモンとは、脳から分泌されるホルモンで、アミノ酸がたくさんつながったペプチドという状態の物質。その名前の通り、成長には欠かせない最も重要なホルモンで、体のすべての代謝に関与するといっても過言ではありません。

子供の頃はどんどん分泌されていて、赤ちゃんは一日に八回くらい分泌するといわれています。分泌量は一〇代後半から二〇代前半がピークとなり、そこから徐々に減り始めますが、劇的に減っていくのが三〇代になってからです。

よく、「疲れた」という言葉を口にするのが三〇代半ば以降だといわれています。いろいろと責任の大きな仕事をするようになる年代ということもあるのでしょうが、頭のなかでは二〇代の成長ホルモンがたくさんあった時代をイメージしつつ、実際にはどんどん分泌量が減っているので、そのギャップに戸惑うのかもしれません。

このように、年齢とともに徐々に減っていく成長ホルモンですが、これがしっかり充足していること、それがすなわち若さの秘訣《ひけつ》なのです。

大人になると、成長ホルモンが出てくるチャンスは、さほど多くありません。一日のうち、寝入りばなの睡眠時、そしてトレーニングなどの運動後、この二回だけです。

そういった意味でも、トレーニングは若返りの効果をもたらしてくれるのですが、その分泌量から見れば、睡眠時の成長ホルモンをどれだけたくさん引き出せるか、それがカギとなります。

すなわち、「睡眠＝成長ホルモン」なのです。

アスリートたちは、年齢は若いかもしれませんが、肉体にかかる負荷が大きいので、基本的に疲れています。その疲れをいかに上手に取り除いてやるかは、パフォーマンス向上のために欠かせません。その一翼を担うのが成長ホルモンなのです。

そこで、アスリートの睡眠のノウハウを、一般用にアレンジしてみましょう。

❖睡眠は有意義に生きる準備時間

人生の三分の一は睡眠だといわれています。

睡眠は無駄な時間ではなく、三分の二をより有意義に、アクティブに生きるための準備時間なのです。

若い頃と比べて回復力が衰えたと感じたり、夜中に目が覚めたり、睡眠が浅いと感じたりする人は多いかと思います。一日は万人に平等に二四時間しかなく、そのなかで優先的にやらなくてはならない事柄も多いことでしょう。

すると、結果として睡眠時間が削《けず》られてしまい、本来は起きているときの重要な準備時間であるにもかかわらず、優先順位が下がってしまいます。

また、子供の頃の教育にも影響されているのかもしれません。

徹夜で勉強を頑張ったり、寝不足でも早朝から部活に励んだり、寝る間を惜しんで資料を作成したりと、本来は睡眠という大切な時間を削る行為であるにもかかわらず、日常においては、それが賞賛されたりする場合もあります。

睡眠時間に対しての優先順位を上げて、日中の活動をますますアクティブなものにしていきたいものです。

では、その具体的な方法を挙げてみましょう。

❖寝る前に我慢する三つのこと

睡眠は通常、長さで評価されます。何時間眠れた、何時間しか眠っていない、などと時間が評価軸の中心にあります。

たしかに、いちばん長生きする睡眠時間は七時間だそうで、また六時間の睡眠時間を確保すれば、最低限の機能回復が期待できるようです。当然、四時間しか眠れない人は、それなりに疲労を抱えることになるでしょう。

しかし時間という軸以外に、深さという軸も、睡眠を考えるうえでは大切になってきます。必ずしも長ければいいのではなく、どれだけ深く眠ることができたのか、それが重要であるということです。

とりわけ、寝入りばなから九〇～一二〇分に訪れる最も深い眠りが、睡眠の質を高めるといわれています。仮に睡眠時間がしっかりととれない場合も、この寝入りばなだけは上手に確保したいものです。

そして、そのための第一ステップがNG集の作成ということになります。

意外に思うかもしれませんが、多くの人が本来の睡眠すら確保していないというのが現代です。自ら睡眠を阻害してしまっているのです。たとえば、就寝前にコーヒーなどのカフェインを摂取する、明るい部屋で眠るなど、睡眠にとってのNGを無意識のうちに行ってしまっています。

特に最近多いのは、寝る直前のパソコンやスマホです。

これらの機器の画面から放たれるブルーライトは、カフェインに匹敵するくらい、睡眠にとっては難敵です。光の刺激に加えて、脳が覚醒《かくせい》してしまうからです。現代人は、こんな誘惑だらけの環境に生きています。

そこで一度、自らの睡眠にとってNGではないかと思われる行為を列挙してみて、そのうちの我慢できる（修正できる）要素だけでもはずしてみるのです。すると、思った以上に快眠が実現できます。

いくつかの例を挙げてみましょう。寝る前にカフェイン系の飲み物を飲まない、明るい部屋で寝ない、テレビをつけっぱなしにして寝ない、直前に熱いシャワーやお風呂に入らない、（冬は）暖かすぎる部屋にしない、寝る直前にテレビやDVDは観ない、高強度のストレッチやエクササイズをしない、などなど……すべてを我慢したりすると逆にストレスになりかねないので、我慢しても影響の少ないと思われる要素だけをNGとしてみてはいかがでしょうか。

経験的には三つほど我慢してやると効果があるようです。

❖一歩踏み込んだ深い眠りで

次に、もう少し深く眠るために幾つかのヒントを探ってみたいと思います。

多くのアスリートたちは、その肉体的な疲労のみならず、精神的なプレッシャーやストレスによって、眠りに関し悩みを抱えています。日中の興奮度が極端に高いと、睡眠自体は浅くなってしまったりもします。

そんなアスリートたちが試みる安眠への秘策を紹介しましょう。

前述の通り、睡眠の質は、とりわけ寝入りばなから九〇～一二〇分が重要となります。したがって、睡眠の導入がスムースにいけば、質も上がることになります。

まず、寝室の環境を整えること。寝室だけは清潔にしましょう。シーツ、枕、布団なども、しっかりと洗ったり干したりして、快適な状態を目指します。干すのが難しい場合は、布団乾燥機などを利用するのもいいかもしれません。

次に寝室の温度。たとえば冬場は、寒いからといって暖房をしっかりとかけた状態にすると、布団に入ったときにむしろ暑く感じたりします。部屋は寒いが布団のなかは暖かい——この状態が睡眠をスムースにしてくれます。

枕の固さや高さも大切。個人差がありますから、自分に合った枕選びは安眠の一助となります。

また、意外な即効性を発揮する方法としては、ホットミルクを飲み、ぬるま湯の半身浴をするという方法があります。

睡眠時は、睡眠時代謝といって最低限の省エネモードとなるため、体温が少し下がります。この生理現象を利用して、逆に少しだけ体温を上げてやるのです。

ホットミルクを飲んで体の内側から体温を上げ、ぬるま湯に浸かって体の外側からも上げてやる。この少し上がった体温が布団のなかで平熱に戻る際、眠気が訪れるのです。

ちなみにホットミルクは牛乳を電子レンジなどで温めればいいのですが、**牛乳に含まれる「トリプトファン」というアミノ酸が、脳内で睡眠時に分泌されるリラックス物質の材料となってくれます。**

眠れないときは焦《あせ》って無理やり羊の数を数えるのではなく、ぬるま湯で半身浴をするほうが効果的。急がば回れで、結果的に安眠への近道となります。

他にも環境音楽や香り（アロマテラピー）を利用するのも悪くありません。ただし、音は好き嫌いのある要素なので、自分に合った環境音楽を探す必要があり、香りは覚醒《かくせい》の香りもありますので（柑橘系《かんきつけい》など）、専門店で相談するほうがいいでしょう。

加えて、上手に眠るための準備は寝る直前だけと思われがちですが、実は朝起きたときから始まっています。

私たちは二四時間という絶対的な時間で生きていますが、体内には「体内時計」というものがあります。一般的には、この体内時計は二五時間で働いており、つまり毎日一時間ほどの時差を調整していることになります。

朝起きていちばん最初にすること、それは明かりを見て（空でも蛍光灯《けいこうとう》でもＯＫ）、網膜に明かりの情報を送り込んでやることです。

というのも、網膜の「視交叉上核《しこうさじょうかく》」という神経細胞が集まった核が体内時計の役割をしているから。そこに光の情報を届けるのです。

その光の情報をきっかけに体内時計がリセットされ、そこから十数時間後に睡眠に適した脳内の状態を作り出してくれます。

❖安眠をつくるサプリメントとは

さて、次は安眠のためのサプリメント。

睡眠に効くサプリメントというと睡眠薬のように感じるかもしれませんが、成長ホルモンを増やすことを意識したサプリメントは、活用する価値があります。

成長ホルモンそのものを注射して取り入れることもできますが、これは医療行為であり、少し疲れたという程度や身体づくりの目的には使うことができません。あくまでも医師の診断のもと治療として行われるものです。また、大なり小なりの副作用がありますし、競技者の場合はドーピングの対象ともなります。

しかし、成長ホルモンを増やしてくれる、食品扱いとなっている素材は多々あります。アミノ酸ひとつをとっても、**「アルギニン」「オルニチン」「グルタミン」「リジン」などは、成長ホルモンの分泌を促進するというデータがしっかりとあります。また、ハーブ類や亜鉛などのミネラルも効果を発揮します。**

そうした素材を集めて配合の妙を追求した結果、私は十数年前、「エキストラ・アミノ・アシッド」というサプリメントを開発しました。販路が限定されていることもあるので、一般にはあまり知名度がないかもしれませんが、アスリートのあいだでは相当有名なサプリメントです。

某有名大リーガーも、オリンピックの金メダリストも、このエキストラ・アミノ・アシッドだけは手放せないと、つねづね話しています。

サプリメントに頼りきるのはよくありませんが、しっかりと理解したうえで活用することは、生活の質そのものを上げてくれると思います。まずは睡眠の質をアップしましょう。

❖「若返りサプリメント」とは何か

さて、性ホルモンには、大きく分けて男性ホルモンと女性ホルモンがあります。それぞれのホルモンもさらに細かく分類されますが、大雑把《おおざっぱ》にいって、この二つに分けていいでしょう。

意外に思うかもしれませんが、男性にも女性ホルモンはありますし、女性も男性の一割ほどの男性ホルモンをつくっています。

そして、男女問わず女性ホルモンは圧倒的に少量しかつくられず、女性であっても一生に分泌される量はティースプーン一杯程度だといわれています。

そして、この性ホルモンも若さの秘訣なのです。

では、この性ホルモンの大本の材料は何でしょうか？　実はコレステロール、そう、脂質です。

ダイエットや減量では、脂質は目の敵《かたき》のようにされてきましたが、長期間にわたって脂質カットをすることは、性ホルモンの材料をカットしてしまうことでもあるのです。

もっとも、通常の食生活であれば、まず脂質不足に陥る心配はありません。

こうしてコレステロールが材料となり、複雑な過程を経て、性ホルモンに変わっていくのですが、とりあえず最初にたどり着くのが「ＤＨＥＡ（デヒドロエピアンドロステロン）」と呼ばれるホルモンです。

ＤＨＥＡは通称「デハー」と呼ばれる物質で、性ホルモンのベースとなるホルモン。実はこのＤＨＥＡそのものを注射したりするアンチエイジング法もありますし、アメリカなどでは「若返りサプリメント」としてＤＨＥＡを販売しています。

しかし日本においては、注射は医療行為に当たりますので、アンチエイジングクリニックのような場所でしか行えませんし、競技者にとってはドーピング違反となります。

このＤＨＥＡがベースとなって、「アンドロステンジオン」というホルモンに変わり、そしてついに「テストステロン」という男性ホルモンそのものがつくられていきます。

このテストステロンから、さらに「エストロゲン」という女性ホルモンがつくられるので、女性ホルモンを増やしたければ、まず男性ホルモンを増やさなくてはならず、その男性ホルモンを増やすということは、すなわちＤＨＥＡを増やすことなのです。

ちなみに、ＤＨＥＡ、アンドロステンジオン、テストステロンの三つを合わせて「アンドロゲン」と呼び、一般的には「アンドロゲン＝男性ホルモン」というように理解されています。

❖性ホルモンの増やし方

では、男性ホルモンもしくはＤＨＥＡは、どのように増やせるのでしょうか。

性ホルモンは成長ホルモンと同様、二〇代をピークに年々減少をしていきますが、まず増やす前に減らさない努力をすることが必要になります。アスリート流睡眠法のところで出てきた、ＮＧ集の作成と同じです。

一つ目は肝臓のケア。ＤＨＥＡはコレステロールを材料としていますが、コレステロールは肝臓でつくられています。当然、肝機能が弱っているということは、コレステロールもうまく生成できないということになります。

次に意識をしたいのが睡眠。**睡眠は成長ホルモンと密接に関係していますが、成長ホルモンの分泌が多いと性ホルモンも増えます。そして、睡眠不足の人は男性ホルモンの数値が低くなることも分かっています。**

加えて、過度の飲酒も男性ホルモンが抑えられてしまうという事実が明らかになっています。突き詰めていけば、不規則な生活や、夜遅くまで続く残業や飲食などは、すべてテストステロンを抑えることになっているのです。

では、男性ホルモンを増やす方法はあるのでしょうか？

放っておけば加齢とともにどんどん減っていくわけですから、どこかでブレーキをかけて、できるなら逆に増やしていきたいものです。それこそ若返りそのものになるのですから。

その一つ目のポイントは運動です。

これも成長ホルモンと似ていますが、**運動をする人としない人では、明らかに性ホルモンの量が違います。運動する人が若々しいというのは、単なるイメージだけの問題ではなく、実際に体の中身が若返っているというわけです。**

ただし、気をつけるべき点は、運動は「適度に」ということ。特に女性アスリートには、ハードなトレーニングをこなしたあと、生理が止まってしまうなどという選手も珍しくありません。こうしたことは様々な競技で起こりますが、減量をする競技、長時間行う競技に多いと思います。

マラソンがブームです。タイムを縮めようと強引なダイエットをして、さらに走り込みと称し過度な運動量をこなすこともありますが、体はそのストレスに対応しようとして、「コルチゾール」などのストレスホルモンを分泌させます。

このストレスホルモンは本来、女性ホルモンとなるべきエストロゲンやプロゲステロンの分泌量を減らす効果を持つため、結果として女性ホルモンが足りなくなって生理が止まったりするケースが出てくるのです。

運動は若返りのための重要なファクター。しかし、過度な運動量には、特に女性は気をつけるべきでしょう。

運動以外の要素で面白いのは、人に褒《ほ》められたり、嬉しいことがあると、男性ホルモンが体に充満することです。

オバマ大統領が初めて当選したときには、オバマ派の民主党支持者はテストステロンが高くなり、逆に共和党の支持者は一気に下がったという実験結果もあります。

心と体は一体ですから、気持ちがプラスに作用することは、若返りのためにも重要なことのようです。

❖「セックスミネラル」とは何か

最後に栄養の観点から性ホルモン、具体的にはＤＨＥＡやテストステロンを増やすものはあるのでしょうか。

まず筆頭に挙げられるのが亜鉛です。「セックスミネラル」の別名がつくほどです。牡蠣《かき》、チーズ、レバー、大豆などにたくさん含まれていますが、サプリメントから摂取してもいいでしょう。上限摂取量も設定されていますが、多くの日本人は亜鉛は不足気味ですから、極端な量でなければ、あまり過剰摂取を気にする必要はありません。

もう一つ期待したい食材があります。それはニンニク。ニンニクの匂い成分でもある「アリシン」が、DHEAを増やす効果があるのです。正確にはニンニクだけではなく、ネギ、玉ねぎ、ニラ、生姜《しょうが》などにも含まれています。

よく草食系男子などという呼び方をしますが、ニンニクやネギなどは紛《まぎ》れもなく植物性の素材ですが、動物性以上のパワーを持っているのです。

そのパワーの源は「アリシン」――。

アリシンとはあまり聞きなれない名前かもしれませんが、分子に硫黄《いおう》を含んだアミノ酸からつくられる物質です。硫黄を含むアミノ酸を「含硫《がんりゅう》アミノ酸」と呼びますが、その含硫アミノ酸は、草食系男子を肉食系以上に逞《たくま》しくする切り札となるかもしれません。

ちなみにアリシンを発酵させると、S-アリルシステインというアミノ酸の進化系へと変化していきます。匂いは消えていくのですが、DHEA増強効果はますますパワーアップしていきます。具体的には発酵黒ニンニクなどが、このS-アリルシステインを多く含んでいます。

そして、これらアリシンやS-アリルシステインと相性のいい栄養素が、ビタミンB群（特にB1）なのです。

亜鉛、ビタミンB1、アリシン、S-アリルシステイン、このあたりの栄養素は性ホルモンを増やすうえで役立っています。

成長ホルモンのところで「エキストラ・アミノ・アシッド」をつくった話を書きましたが、同様になんとかDHEAが増えるサプリメントがつくれないものかと試行錯誤を繰り返した結果、「エキストラ・サバイブ」というサプリメントが完成しました。

原料には、亜鉛、発酵黒ニンニク、マムシ（粉末）、ビタミンB1、B2、B6、肝臓エキス（国産豚レバーから抽出）を配合しました。

肝臓エキスは、性ホルモンを増やす一つ目のポイント、肝臓のケアのためです。サンプルが一つだけの単なる参考レベルではありますが、私個人の血液を使ってどれくらい増えるのかの実験をしたところ、スタート時は当時の年齢と同じ五三歳平均のDHEA分泌量だったものが、三ヵ月の継続摂取で三七歳レベルにまで増えました。

DHEAなどの男性ホルモンと成長ホルモンの違いは、体感の違いかもしれません。

睡眠と直結している成長ホルモンは、翌朝すっきりしている、疲労がないなど、分かりやすい状態が現れてきますが、ＤＨＥＡなどでは、あまりピンとこないかもしれません。それだけ性ホルモンは、その発現の機構が複雑で、一筋縄ではいかないホルモンなのかもしれません。

いずれにしても、若さの最強の切り札である筋肉を、いつまでも成長させるための大切なホルモンです。

成長ホルモンと性ホルモン（ＤＨＥＡ）——これらをいまから増やしていき、もっともっと進化しましょう。

ヤル気が出てくるエクササイズ名言⑥

「二〇代三〇代は、ひよっこ」

先述の私の師匠、杉田茂氏がＮＨＫに出演した際に発した名言です。

「ひよっこ」といっても、何も若者を蔑視《べっし》したわけではありません。氏の専門からいって、「筋密度は四〇代に入ってからが本当に高くなる」ということをいいたかったのです。

太るのと筋肉を増量するのは意味が違うように、筋肥大も、正確には、筋密度がどれだけ高くなっているかが重要なのです。

若さは大きな武器でありますが、筋密度を上げていくということに関しては、完成までに時間を要します。

意外に思うかもしれませんが、通常は、中年のど真ん中、すなわち四〇代が、筋密度を高める絶好の年代なのです。

そう、つまり四〇代はまだ若造。これからは、五〇代からを中年と呼ぶようにするべきでしょう。

いずれにしても、中高年には、励みとなる名言だと思います。

この章のポイント

①若返りのための最強の切り札は筋肉だ！
②睡眠を工夫して成長ホルモンの分泌を促す。
③サプリメントや運動で性ホルモンを増やす。
④「セックスミネラル」を上手に使う。

あとがき——多くのアスリートのノウハウを活用すると

サプリメントの事業を立ち上げてから約一五年のあいだ、本当に様々なアスリートたちと出会いました。そしてジャンルを問わず、つねに大きな感動を与えられました。

その感動を裏づけるパフォーマンス、さらにそのパフォーマンスを裏づける想像を超えた努力や鍛錬……でもどうして、あれほどの努力が続けられるのか、規格外の肉体をつくれるのか、最初は不思議であると同時に、私自身は単なる傍観者に留まっていました。

しかし、徐々にその秘密がわかってきました。彼らや彼女らは、それぞれ自分自身のノウハウを持っていたのです。

この「ノウハウ」とは、単なる小手先の工夫ではなく、本質的な成果を最短で獲得するための大きな武器のように映りました。時にはメンタルに関わるノウハウもあり、これを活用すれば、アスリート以外の人たちも確実にボディメイクに成功する——そう確信したのです。

本書がその一助となって、多くの人たちがボディメイクに成功することを願ってやみません。

もう一つ最後の最後に付け加えます。

生きていれば私よりも一歳年上のカメラマンの友人がいました。もともとは仕事で出会った人なのですが、普段はいつも穏やかで、ニコニコと笑いながら、私たちの仕事を見守ってくれました。

その彼が二〇一三年一一月に亡くなりました。体調不良を訴えて病院に行ったときには既に末期の癌《がん》で、医師もストレートに宣告したそうです。

すると彼は、なんと、その宣告を受けるとすぐに、ジムに通い始めたのです。そして、ジムに通うことができなくなると今度は、自宅にダンベルやベンチプレス用の台をそろえ、抗癌剤の苦痛に耐えながら、トレーニングを続けたのです。

余命数ヵ月だと分かっていたのに、なぜそのようなモチベーションがあるのか？　一度、率直に尋ねたことがありました。

彼の答えに、私は言葉を失います。

「桑原さんが、筋肉は年齢にかかわらず死ぬまで成長するって教えてくれたじゃない」――そして、「みすぼらしい姿で棺桶《かんおけ》に入りたくないよ、妻が悲しむから」と。

彼が亡くなる直前に、コンセントレーションカールをしている写真を、奥さんが送ってきてくれました。その写真を見たら、トレーニングを一回でもいい加減にできない、いまでもそう思うのです。

誰しも生まれたと同時に死に向かいます。死ぬまでの期間が異なるだけです。

私は二〇代最後の年に一度、命を落としかけた経験から、そのあと死というものを強く意識するようになりました。しかしそれは、生きるということを意識することでもあります。

そして、生きることを強く実感できるのが肉体そのものです。だからこそ、何歳になっても肉体の可能性を追求し続けたいと思っています。

二〇一五年三月

桑原弘樹《くわばらひろき》

桑原弘樹

1961年、愛知県に生まれる。立教大学卒業後、江崎グリコに入社。スポーツサプリメント事業を立ち上げ、スポーツフーズ営業部長などを歴任し、現在はアドバイザー。また、桑原塾を主宰し、ミスコンテストの日本代表や100人以上のトップアスリートたちのコンディショニング指導も行っている。自身は、江崎グリコ入社時に身長167センチ、体重48キロであったが、39歳からトレーニングを始め、現在は体重77キロ。数ヵ月のあいだ脂質をほとんど摂らない、間食を1日8回摂るなどといった食事法により、体重を半年間で58～88キロのあいだで変動させたこともある。こうした食事法やトレーニングのノウハウは膨大なものになり、体重管理のカリスマ指導者に。

講談社＋α新書 688-1 B

私《わたし》は15キロ痩《や》せるのも太《ふと》るのも簡単《かんたん》だ!
クワバラ式《しき》体重管理《たいじゅうかんり》メソッド

桑原弘樹《くわばらひろき》

2015年3月23日第1刷発行

発行者―――― 鈴木 哲
発行所―――― 株式会社 講談社
東京都文京区音羽2-12-21 〒112-8001
電話 出版部(03)5395-3532
販売部(03)5395-5817
業務部(03)5395-3615
デザイン―――― 鈴木成一デザイン室
本文組版―――― 朝日メディアインターナショナル株式会社
カバー印刷―――― 共同印刷株式会社
印刷―――― 慶昌堂印刷株式会社
製本―――― 牧製本印刷株式会社

Printed in Japan
ISBN978-4-06-272890-4

日本の男を喰い尽くすタガメ女の正体
深尾葉子
現代日本の家庭生活を支配する「幸福幻想」に斬り込み「生きづらさ」の根源を究明する一冊
838円 612-1 A

日本の社会を埋め尽くすカエル男の末路
深尾葉子
日本の男たちの責任逃れと現実逃避は「タガメ女」に搾取されて喜びを感じる「カエル道」が原因！
840円 612-2 A

ガリ勉じゃなかった人はなぜ高学歴・高収入で異性にモテるのか
明石要一
五〇〇〇人調査と日本を代表する一二人が証明!! 子ども時代の「学校外体験」が人生を決める！
838円 613-1 A

「シニア起業」で成功する人・しない人 定年後は、社会と繋がり、経験を活かす
片桐実央
ついに定年起業元年！ 会社をやめた後に起業し、やりがいを実現させるための全てがここに
838円 614-1 C

「察しのいい人」と言われる人は、みんな「傾聴力」をもっている
佐藤綾子
「聞いて、察して、訊く」。この3ステップで、仕事も人間関係も成功する、ビジネス必勝の書
838円 615-1 A

官僚が使う「悪徳商法」の説得術
原英史
真柄昭宏
政治家もコロリ——怒らせて勝つなど霞が関、門外不出の秘伝はハーバード流交渉術も凌駕!!
838円 616-1 C

私は、こんな人になら、金を出す！
村口和孝
成功する起業家の条件・アクションとは何か？ 300億円以上儲けた投資家が具体的に喝破！
838円 617-1 C

男が愉しむ料理入門 厨房でこそ男は若返る
丸谷馨
料理が得意な男は、精神と肉体の年齢も若い。こだわりレシピに活力の秘訣があった
838円 618-1 B

指からわかる男の能力と病
竹内久美子
今、世界的指ブーム到来！ 〝指研究の権威〟竹内久美子が智・性・勇・癌・心と指の秘密を解く!!
838円 619-1 C

はじめての論語 素読《そどく》して活かす孔子の知恵
安岡定子
素読＝声に出して読むことで、論語は活きた哲学となり、仕事の役に立つ！ 社会人必読の書
838円 620-1 A

女性の部下を百パーセント活かす7つのルール
緒方奈美
「日本で最も女性社員を活用している会社」のカリスマ社長が説く、すぐ役立つ女性社員操縦術！
838円 621-1 C

表示価格はすべて本体価格（税別）です。本体価格は変更することがあります

講談社+α新書

書名	著者	内容	価格	番号
水をたくさん飲めば、ボケは寄りつかない	竹内孝仁	認知症の正体は脱水だった！ 一日1500ccの水分摂取こそ、認知症の最大の予防策	838円	622-1 B
新聞では書かない、ミャンマーに世界が押し寄せる30の理由	松下英樹	日本と絆の深いラストフロンティア・ミャンマーが気になるビジネスパーソン必読の書！	838円	623-1 C
運動しても自己流が一番危ない 正しい「抗ロコモ」習慣のすすめ	曽我武史	陸上競技五輪トレーナーが教える、効果最大にするコツと一生続けられる抗ロコモ運動法	838円	624-1 B
スマホ中毒症 「21世紀のアヘン」から身を守る21の方法	志村史夫	スマホ依存は、思考力を退化させる！ 少欲知足の生活で、人間力を復活させるための生活術	838円	625-1 C
「アンチエイジング脳」読本 いくつになっても、脳は磨ける	築山節	今すぐできる簡単「脳磨き」習慣で、あなたの脳がどんどん変わる！ ボケたくない人の必読書	800円	626-1 B
最強の武道とは何か	ニコラス・ペタス	K-1トップ戦士が自分の肉体を的に実地体験！ 強さには必ず、科学的な秘密が隠されている!!	838円	627-1 D
住んでみたドイツ 8勝2敗で日本の勝ち	川口マーン惠美	在独30年、誰も言えなかった日独比較文化論!! ずっと羨しいと思ってきた国の意外な実情とは	838円	628-1 D
住んでみたヨーロッパ 9勝1敗で日本の勝ち	川口マーン惠美	20万部突破のシリーズ最近作!! 欧州の都市は劣化しEUは崩壊する…世界一の楽園は日本！	880円	628-2 D
成功者は端っこにいる 勝たない発想で勝つ	中島武	350店以上の繁盛店を有する飲食業界の鬼才の起業は40歳過ぎ。人生を強く生きる秘訣とは	838円	629-1 A
若々しい人がいつも心がけている21の「脳内習慣」	藤木相元	脳に思いこませれば、だれでも10歳若い顔になる！ 「藤木流脳相学」の極意、ついに登場！	838円	630-1 B
新しいお伊勢参り 〝おかげ年〟の参拝が、一番得をする！	井上宏生	伊勢神宮は、式年遷宮の翌年に参拝するほうがご利益がある！ 幸せをいただく(得)お参り術	840円	631-1 A

表示価格はすべて本体価格（税別）です。本体価格は変更することがあります

講談社+α新書

書名	著者	内容	価格・番号
日本全国「ローカル缶詰」驚きの逸品36	黒川勇人	「ご当地缶詰」はなぜ愛されるのか？ うまい、取り寄せできる！ 抱腹絶倒の雑学・実用読本	840円 632-1 D
溶けていく暴力団	溝口敦	反社会的勢力と対峙し続けた半世紀の戦いの集大成！ 新しい「暴力」をどう見極めるべきか!?	840円 633-1 C
日本は世界1位の政府資産大国	髙橋洋一	米国の4倍もある政府資産⇩国債はバカ売れ!! すぐ売れる金融資産だけで300兆円もある！	840円 634-1 C
外国人が選んだ日本百景	ステファン・シャウエッカー	旅先選びの新基準は「外国人を唸らせる日本」 あなたの故郷も実は、立派な世界遺産だった!!	890円 635-1 D
もてる！『星の王子さま』効果 女性の心をつかむ18の法則	晴香葉子	なぜ、もてる男は『星の王子さま』を読むのか？ 人気心理カウンセラーが説く、男の魅力倍増法	840円 636-1 A
「治る」ことをあきらめる「死に方上手」のすすめ	中村仁一	ベストセラー『大往生したけりゃ医療とかかわるな』を書いた医師が贈る、ラストメッセージ	840円 637-1 B
偽悪のすすめ 嫌われることが怖くなくなる生き方	坂上忍	迎合は悪。空気は読むな。予定調和を突き抜ければ本質が見えてくる。話題の著者の超人生訓	840円 638-1 A
日本人だからこそ「ご飯」を食べるな 肉・卵・チーズが健康長寿をつくる	渡辺信幸	テレビ東京「主治医が見つかる診療所」登場。3000人以上が健康&ダイエットを達成！	890円 639-1 B
改正・日本国憲法	田村重信	左からではなく、ど真ん中を行く憲法解説書!! 50のQ&Aで全て納得、安倍政権でこうなる！	880円 640-1 C
筑波大学附属病院とクックパッドのおいしく治す「糖尿病食」	矢作直也	「安心＝筑波大」「おいしい＝クックパッド」の最強タッグが作った、続けられる糖尿病食の全貌	840円 641-1 B
「脊柱管狭窄症《せきちゅうかんきょうさくしょう》」が怖くなくなる本 20歳若返る姿勢と生活の習慣	福辻鋭記	ベストセラー『寝るだけダイエット』の著者が編み出した、究極の老化防止メソッド！	800円 642-1 B

表示価格はすべて本体価格（税別）です。本体価格は変更することがあります

講談社+α新書

白鵬のメンタル 人生が10倍大きくなる「流れ」の構造
内藤堅志
大横綱の強さの秘密は体ではなく心にあった!! メンタルが弱かった白鵬が変身したメソッド!
880円 643-1 A

人生も仕事も変える「対話力」 日本人に闘うディベートはいらない
小林正弥
「ハーバード白熱教室」を解説し、対話型講義のリーダー的存在の著者が、対話の秘訣を伝授!
890円 644-1 C

霊峰富士の力 日本人がFUJISANの虜になる理由
加門七海
ご来光、神社参拝、そして逆さ富士……。富士山からパワーをいただく〝通〟の秘伝を紹介!
840円 645-1 A

「先送り」は生物学的に正しい 究極の生き残る技術
宮竹貴久
死んだふり、擬態、パラサイト……生物たちが実践する不道徳な対捕食者戦略にいまこそ学べ
840円 646-1 A

女のカラダ、悩みの9割は眉唾
宋《ソン》美《ミ》玄《ヒョン》
「オス化」「卵子老化」「プレ更年期」etc.女を翻弄するトンデモ情報に、女医が真っ向から挑む!
840円 647-1 B

自分の「性格説明書」9つのタイプ
安村明史
人間の性格は9種類だけ⇩人生は実は簡単だ!! ドラえもんタイプは博愛主義者など、徹底解説
840円 648-1 A

テレビに映る中国の97%は嘘である
小林史憲
村上龍氏絶賛!「中国は一筋縄ではいかない。一筋縄ではいかない男、小林史憲がそれを暴く」
920円 649-1 C

「声だけ」で印象は10倍変えられる
高牧康
気鋭のヴォイス・ティーチャーが「人間オンチ」を矯正し、自信豊かに見た目をよくする法を伝授
840円 650-1 B

高血圧はほっとくのが一番
松本光正
国民病「高血圧症」は虚構!! 患者数5500万人の大ウソを暴き、正しい対策を説く!
840円 651-1 B

マネる技術
コロッケ
あの超絶ステージはいかにして生み出されるのか。その模倣と創造の技術を初めて明かす一冊
840円 652-1 C

会社が正論すぎて、働きたくなくなる 心折れた会社と一緒に潰れるな
細井智彦
社員のヤル気をなくす正論が日本企業に蔓延! 転職トップエージェントがタフな働き方を伝授
840円 653-1 C

表示価格はすべて本体価格（税別）です。本体価格は変更することがあります

講談社＋α新書

母と子は必ず、わかり合える　遠距離介護5年間の真実
舛添要一
「世界最高福祉都市」を目指す原点…母の介護で嘗めた辛酸…母子最後の日々から考える幸福
880円 654-1 C

毒蝮流！　ことばで介護
毒蝮三太夫
「おいババア、生きてるか」毒舌を吐きながらも喜ばれる、マムシ流高齢者との触れ合い術
840円 655-1 A

ジパングの海　資源大国ニッポンへの道
横瀬久芳
日本の海の広さは世界6位──その海底に約200兆円もの鉱物資源が埋蔵されている可能性が!?
880円 656-1 C

「骨ストレッチ」ランニング　心地よく速く走る骨の使い方
松村卓
骨を正しく使うと筋肉は勝手にパワーを発揮!!誰でも高橋尚子や桐生祥秀になれる秘密の全て
840円 657-1 B

「うちの新人」を最速で「一人前」にする技術　美容業界の人材育成に学ぶ
野嶋朗
へこむ、拗ねる、すぐ辞める「ゆとり世代」をいかに即戦力に!?　お嘆きの部課長、先輩社員必読！
840円 658-1 C

40代からの　退化させない肉体　進化する精神
山﨑武司
努力したから必ず成功するわけではない──高齢スラッガーがはじめて明かす心と体と思考！
840円 659-1 B

ツイッターとフェイスブック　そしてホリエモンの時代は終わった
梅崎健理
流行語大賞「なう」受賞者─コンピュータは街の中で「紙」になる、ニューアナログの時代に
840円 660-1 C

医療詐欺　「先端医療」と「新薬」は、まず疑うのが正しい
上昌広
先端医療の捏造、新薬をめぐる不正と腐敗。崩壊寸前の日本の医療を救う、覚悟の内部告発！
840円 661-1 B

長生きは「唾液」で決まる！　「口《くち》」ストレッチで全身が健康になる
植田耕一郎
歯から健康は作られ、口から健康は崩れる。その要となるのは、なんと「唾液《つば》」だった!?
800円 662-1 B

マッサン流「大人酒の目利き」　「日本ウイスキーの父」竹鶴政孝に学ぶ11の流儀
野田浩史
朝ドラのモデルになり、「日本人魂」で酒の流儀を磨きあげた男の一生を名バーテンダーが解説
840円 663-1 D

63歳で健康な人は、なぜ100歳まで元気なのか　人生に4回ある「新厄年」のサイエンス
板倉弘重
75万人のデータが証明!!　4つの「新厄年」に人生と寿命が決まる！　120歳まで寿命は延びる
880円 664-1 B

表示価格はすべて本体価格（税別）です。本体価格は変更することがあります

講談社＋α新書

預金バカ 賢い人は銀行預金をやめている
中野晴啓
低コスト、積み立て、国際分散、長期投資で年金不信時代に安心を作ると話題の社長が教示!!
840円 665-1 C

万病を予防する「いいふくらはぎ」の作り方
大内晁一
揉むだけじゃダメ！　身体の内と外から血流・気の流れを改善し健康になる決定版メソッド!!
800円 666-1 B

なぜ世界でいま、「ハゲ」がクールなのか
福本容子
カリスマCEOから政治家、スターまで、今や皆ボウズファッション。新ムーブメントに迫る
840円 667-1 A

2020年日本から米軍はいなくなる
飯柴智亮
聞き手・小峯隆生
米軍は中国軍の戦力を冷静に分析し、冷酷に撤退する。それこそが米軍のものの考え方
800円 668-1 C

テレビに映る北朝鮮の98%は嘘である よど号ハイジャック犯と見た真実の裏側
椎野礼仁
よど号ハイジャック犯と共に5回取材した平壌…煌やかに変貌した街のテレビに映らない嘘!?
840円 669-1 C

50歳を超えたらもう年をとらない46の法則 「新しい大人」という50+《フィフティプラス》世代はビジネスの宝庫
阪本節郎
「オジサン」と呼びかけられても、自分のこととは気づかないシニアが急増のワケに迫る！
880円 670-1 D

常識はずれの増客術
中村元
資金がない、売りがない、場所が悪い……崖っぷちの水族館を、集客15倍増にした成功の秘訣
840円 671-1 C

イギリス人アナリスト日本の国宝を守る 雇用400万人、GDP8パーセント成長への提言
デービッド・アトキンソン
日本再生へ、青い目の裏千家が四百万人の雇用創出と二兆九千億円の経済効果を発掘する！
840円 672-1 C

三浦雄一郎の肉体と心 80歳でエベレストに登る7つの秘密
大城和恵
日本初の国際山岳医が徹底解剖!!　普段はメタボ…「年寄りの半日仕事」で夢を実現する方法!!
840円 673-1 B

回春セルフ整体術 尾骨と恥骨を水平にすると愛と性が甦る
大庭史榔
105万人の体を変えたカリスマ整体師の秘技!!　薬なしで究極のセックスが100歳までできる！
840円 674-1 B

「腸内酵素力」で、ボケもがんも寄りつかない
髙畑宗明
アメリカでも酵素研究が評価される著者による腸の酵素の驚くべき役割と、活性化の秘訣公開
840円 676-1 B

講談社＋α新書

実録・自衛隊パイロットたちが目撃したUFO 地球外生命は原発を見張っている
佐藤 守
飛行時間3800時間の元空将が得た、14人の自衛官の証言!! 地球外生命は必ず存在する!
890円 677-1 D

臆病なワルで勝ち抜く! 日本橋たいめいけん三代目「100年続ける」商売の作り方
茂出木浩司
色黒でチャラいが腕は超一流! 創業昭和6年の老舗洋食店三代目の破天荒成功哲学が面白い
840円 678-1 C

「リアル不動心」メンタルトレーニング
佐山 聡
初代タイガーマスク・佐山聡が編み出したストレスに克つ超簡単自律神経トレーニングバイブル
840円 680-1 A

人生を決めるのは脳が1割、腸が9割! 「むくみ腸」を治せば仕事も恋愛もうまく行く
小林弘幸
「むくみ腸」が5ミリやせれば、ウエストは5センチもやせる、人生は5倍に大きく広がる!!
840円 681-1 B

「反日モンスター」はこうして作られた 狂暴化する韓国人の心の中の怪物〈ケムル〉
崔 碩栄
韓国社会で猛威を振るう「反日モンスター」が制御不能にまで巨大化した本当の理由とは!?
890円 682-1 C

男性漂流 男たちは何におびえているか
奥田祥子
婚活地獄、仮面イクメン、シングル介護、更年期。密着10年、哀しくも愛しい中年男性の真実
880円 683-1 A

昭和50年の食事で、その腹は引っ込む なぜ1975年に日本人が家で食べていたものが理想なのか
都築 毅
東北大学研究チームの実験データが実証したあのころの普段の食事の驚くべき健康効果とは
840円 685-1 B

こんなに弱い中国人民解放軍
兵頭二十八
核攻撃は探知不能、ゆえに使用できず、最新鋭の戦闘機200機は「F-22」4機で全て撃墜さる!!
840円 686-1 C

巡航ミサイル1000億円で中国も北朝鮮も怖くない
北村 淳
世界最強の巡航ミサイルでアジアの最強国に!! 中国と北朝鮮の核を無力化し「永久平和」を!
920円 687-1 C

私は15キロ痩せるのも太るのも簡単だ! クワバラ式体重管理メソッド
桑原弘樹
ミスワールドやトップアスリート100人も実践!! 体重を半年間で30キロ自在に変動させる方法!
840円 688-1 B

「カロリーゼロ」はかえって太る!
大西睦子
ハーバード最新研究でわかった「肥満・糖質・酒」の新常識! 低炭水化物ビールに要注意!!
800円 689-1 B

表示価格はすべて本体価格（税別）です。本体価格は変更することがあります